Wie's kimmt, werd's gefresse!
Geschichten und Anekdoten aus Mainz

In Dankbarkeit widme ich dieses Büchlein meiner Ilse,
die mich seit fünfzig Jahren auf all meinen Wegen
liebevoll umsorgt und treu begleitet.

Gerd Morlock

Wie's kimmt, werd's gefresse!

Geschichten und Anekdoten aus Mainz

Wartberg Verlag

Bildnachweis:
Alle Bilder aus dem Archiv von Ilse und Gerd Morlock mit Ausnahme der Seiten 30, 76, 78/79 von ullstein bild.

S. 8: „Heile, heile Gänsje", Strophe 4 und 5 von Martin Mundo und Emden Georg Zimmer mit Genehmigung der Schott Music GmbH & Co. KG, Mainz

1. Auflage 2009

Satz und Layout:
Grafik & Design Ulrich Weiß, Extertal
Druck: Druckerei Hoehl, Bad Hersfeld
Buchbinderische Verarbeitung:
Buchbinderei Büge, Celle

34281 Gudensberg-Gleichen, Im Wiesental 1
Telefon (0 56 03) 9 30 50
www.wartberg-verlag.de
ISBN 978-3-8313-2080-6

Inhaltsverzeichnis

Vorwort 7
Armes, zertrümmertes, geteiltes Mainz! 8
So waren sie, die Sieger 10
Illegaler Import 12
Große Not und Schwarzer Markt 13
Familienzusammenführung und Beschlagnahme 14
Bagaasch, Ici Mayence! 16
Unser Rheinhessen-Wein war die kostbarste Tauschwährung . . 17
Stolz sind wir auf unsere Uni 19
Was fern mords Uffmarsch 20
Diskussionen und Gebabbel statt forcierten Wiederaufbaus . . . 21
Möglichst bald wieder ein Dach „iwwerm Kobb“ 22
Heirade se erst emol 23
Die neue Währung, unser kostbarstes Geschenk 25
Eine halbe DM als Taschengeld 27
Unser Start ins Wirtschaftswunder 29
„Geh'n se mit der Konjunktur“ 32
Zwei neue Brücken verbinden Mainz mit Europa 36
Die Uni, neue Industrien und Medienanstalten
schaffen Wohlstand 37
Non Stop Dancing 39
Schlager der anderen Art 41
Wir hatten vieles nachzuholen 42
Hollywood schlägt zurück 44
Peter, der Große 46
Kunst, Kultur und Fassenacht 47
En Halwe is noch lang kään halwe Liter 49
In der Bier-, Wein- und Sektstadt Mainz
kommt jeder edle Zecher auf seine Kosten 52
Achtung! Sichtkontrolle 53

„Jetz werd danze gelernt!“ . . . 54
Die Straßenfeger . . . 55
... uuund – Äktschen! . . . 57
Studende un Määnz warn immer ääns . . . 59
Der Mini erobert Mainz . . . 60
Jetzt wird’s durchsichtig . . . 61
Die Määnzer bekommen endlich wieder ihre „Gut Stubb“ . . . 63
Geschichte, wohin man sieht und geht . . . 65
Die Altstadt wird saniert . . . 68
Wie kam das Hollagässchen zu seinem Namen? . . . 70
2000 Jahre Mainz . . . 72
„Hoch die Gläser trallalala, unser Dom wird 1000 Jahr!“ . . . 74
Die Geschichte vom Pferd, das dem Suff verfallen war . . . 76
Vorsicht Porzellan! . . . 77
Mir strunze nit, mir hawwe . . . 78

Vorwort

WIE'S KIMMT WERD'S GEFRESSE! Das Sprichwort kennzeichnet die grundsätzlich bejahende Einstellung des Määnzers zu allem, was ihm vom Schicksal an Glück und Pech beschert wird. Wie an trüben so an schönen Tagen antworten wir auf die Frage „na, wie geht ders dann“: „ei no ja, wie's kimmt, werd's gefresse.“ Dieses Motto klingt unterschwellig an bei den Erlebnissen und Begebenheiten, die in diesem Büchlein erzählt werden.

Der Rhein, die ihn säumenden, von der Sonne verwöhnten Reben, und der hervorragende Wein prägen seine „Anrheiner“. Die „mit Rheinwasser getauften“ verfügen über reichlich Humor, Mutterwitz und die Fähigkeit, die Anfechtungen des täglichen Lebens nicht allzu ernst zu nehmen, wodurch sie diesen besser begegnen können. Die Mainzer sollen mit diesen Gaben besonders reichlich gesegnet sein.

Nicht selten wünschen sich werdende Eltern, dass ihr Kind an einem Rosenmontag das vierfarbbunte Licht der Welt erblicken möge. „Am Rosenmontag bin ich geboren“, singt denn auch Margit Sponheimer in der „Fünften Jahreszeit“. Ohne schwerwiegende Gründe verlässt ein vom Schicksal solcher Art Begünstigter niemals zeit seines Lebens seine Heimatstadt; den Anblick „seines Domsgickels“ möchte kein echter Määnzer auf Dauer missen. Hier ist er geboren und hier will er auch möglichst seine letzte Ruhe finden.

Ein wenig von der Geschichte der Stadt Gutenbergs zu erzählen ist unerlässlich. Auch die nun folgenden Geschichtchen und Anekdötchen werden den messfremden (zugezogenen) Leser hoffentlich ein wenig mehr mit Mainzer Lebenskunst und Lebensart vertraut machen, und ihm einen kleinen Einblick in die jüngere Geschichte unserer Stadt bieten.

Ich bedanke mich bei allen Freunden und Zufallsbekanntschaften, die mir in gemütlicher Weinrunde „ihre“ Geschichte so lebendig erzählt haben.

Gerd Morlock

Armes, zertrümmertes, geteiltes Mainz!

Heile Gänsje: Strophe 4

„Wär' ich emol de Herrgott heit,
donn wißt' ich mir nor ääns,
ich nähm' in meine Arme weit,
mei arm zertrümmert Määnz,
und streichelte es sanft und lind,
und spräch': hab nor Geduld,
ich bau dich widder uff geschwind,
du warst jo gar nit schuld.
Ich mach dich widder wunnerschee,
du kannst, du darfst nit unnergeh.
Heile, heile Gänsje,
es is bald widder gut,
es Kätzje hot e Schwänzje,
es is bald widder gut,
heile, heile Mausespeck,
in hunnert Jahr is alles weg."

Heile Gänsje: Strophe 5

Wenn ich mir so mein Määnz betracht,
Dann denk ich in meim Sinn
Mehr hat's mit Määnz genau gemacht,
Wie mit der Stadt Berlin.
Man hat's zerstört, hat`s zweigeteilt,
Und trotzdem hab ich Mut
Zu glaawe dass des alles heilt,
Aach des wird wieder gut.
Määnz un Berlin, Ihr seid so schön,
Ihr könnt un derft nit unnergehn.
Heile, heile Gänsje ...

Wie viele andere deutschen Städte wurde auch unser Mainz in den letzten Kriegswochen – etwas mehr als drei Wochen vor dem Einmarsch der Amerikaner – durch den alliierten Luftangriff am 27. Februar 1945 völlig sinnlos dem Erdboden gleichgemacht. Die einst blühende, rheinhessische Provinz-Kapitale, gelegen am 50. Breitengrad am Zusammenfluss von Rhein und Main, war nicht einmal mehr ein Schatten ihrer einstigen geschichtlichen Größe; für Goethe war sie „Die Hauptstadt des Vaterlandes."

Wenn heute in Hochglanzbroschüren von der neu erstandenen Wirtschafts-, Politik- und Kulturmetropole, Medien-, Kongress-, Messe- und, seit 1946 durch die Ordonnance des Generals Pierre Koenig, auch Landeshauptstadt von Rheinland-Pfalz berichtet wird, ist es unumgänglich, auch an ihre dunkelsten Kapitel in der Nachkriegszeit bis 1948 zu erinnern. Da auch die Fastnacht zu Määnz gehört wie Rosenmontagszug, Weck, Worscht un Woi zur Fassenacht, ist es gleichsam patriotische Pflicht des Erzählers auch auf sie – kurz – einzugehen.

Frierend und hungrig warten wir auf den Rosenmontagszug.

So waren sie, die Sieger

NACH DER GESAMTKAPITULATION Deutschlands und der Besetzung durch die Alliierten beanspruchten auch die Franzosen ihren Anteil am Besatzungskuchen und übernahmen am 10. Juli 1945 das linksrheinische Gebiet von den Amerikanern. Die Mitte des Rheins wurde zur künstlichen Grenze zwischen der französischen und amerikanischen Zone, die Mainz zweiteilte und von seinen Vororten Gustavsburg, Ginsheim, Bischofsheim, Kostheim, Kastel und Amöneburg mit der dort ansässigen Industrie abtrennte. Schmerzlich erinnern wir uns an das generöse Geschenk Colonel Cowarts, das er am 25. Juli 1945 dem Wiesbadener OB Georg Krücke machte: die zur Stadt Mainz gehörenden „AKK" Gemeinden Amöneburg, Kastel und Kostheim! Der Wiesbadener Oberbürgermeister wusste nicht recht wie ihm geschah und informierte seinen Mainzer Amtskollegen; aber da war das Kind schon in den Rhein gefallen. Vom amerikanischen Hauptquartier war bereits die schriftliche Anweisung ergangen, dass die rechtsrheinischen Mainzer Stadtgebiete ab sofort in Wiesbaden einzugliedern seien. Die Wiesbadener denken logischerweise nicht daran, die AKK-Gemeinden wieder herauszugeben. Warum sollten sie auch auf die Rendite verzichten, die ihnen dadurch Jahr für Jahr zuwächst? Dadurch ist unsere Stadt bis heute ihrer rechtsrheinischen Määnzer Bürger und wichtiger Einnahmequellen beraubt. Einer der Zonenübergänge war die von den Amerikanern errichtete „Alexander-Patch-Bridge", die vom „Kaisertor" nach Kastel führte. Nur mit einer Ausnahmebescheinigung durfte die Brücke in beiden Richtungen passiert werden. Umgehend stellten die Franzosen am Brückenkopf „Kaisertor" eine große Tafel mit den Daten ihrer fünf Besatzungsperioden auf, wovon die fünfte – 1945 – gerade erst angebrochen war; ungewiss, wie lange sie dauern würde.

Von 1642–1673 waren unsere französischen Nachbarn zum ersten Mal ungebetene Gäste in Mainz. Bereits seit dem

17. Jahrhundert hatten die Franzosen wegen der strategisch wichtigen Lage der Stadt und der Fruchtbarkeit Rheinhessens ein „ganz besonderes Interesse“ an Mayence und seinem fruchtbaren Weinland Rheinhessen.

Die Franzosen stellten am Kaisertor eine Tafel mit den Daten ihrer fünf Mainzer Besatzungsperioden auf.

Illegaler Import

FÜR KINDER UND JUGENDLICHE bestand beim Rheinübergang keine Passierscheinpflicht. Bei der Rückkehr aus der amerikanischen Zone wurden Jungen und Mädchen nur sporadisch auf „Mitbringsel“ kontrolliert. Das brachte meinen Lehrherrn, bei dem ich seit September 1948 in die Lehre als Rundfunkmechaniker ging, auf die Idee, mich eines frühen Morgens zu einer gemeinsamen Bekannten nach Wiesbaden zu schicken, die über einen größeren Bestand an Radioröhren verfügte. Dort sollte ich einige der kostbaren Röhren abholen und durch die französische Sperre schmuggeln. „Nemm doi bißje Grips im Herrn zusamme unn loss dich nit erwische“! Ich nahm eine größere Aktentasche, in die ich einen Stoß alter Hefte der Fachzeitschrift „Funkschau“ verstaute und ging los. Bei dieser Gelegenheit besuchte ich auch meine Oma in Biebrich, was immerhin bis zum Abend dauerte. Inzwischen hat mein Meister meine Eltern mit seiner Besorgnis beunruhigt, die Franzmänner könnten mich erwischt und verhaftet haben. Diese Vermutung steigerte sich fast zur Gewissheit, als jene Bekannte am Telefon mitteilte, dass ich bereits am späten Vormittag mit der wertvollen Fracht den Heimweg angetreten hätte.

Auf der Brücke nahm ich das Bündel Zeitschriften aus meiner Aktentasche, stopfte einige Hefte mit dem Titel „Funkschau“ sichtbar in meine Manteltaschen, trug noch mehrere Hefte zusammen mit meiner Tasche vor meiner Brust her und schritt forsch und selbstbewusst auf den französischen Posten zu. Auf die übersetzte Frage des Hilfspolizisten „was ich da so schweres mit mir herumtrüge, erklärte ich, dass ich RF-Mechaniker werden wolle und mir drüben ein Freund die Literatur geschenkt habe. Ich durfte passieren. Erst jetzt wurde ich mir meiner großen Angst bewusst. Zurück in der Werkstatt konnte mein Meister nicht schimpfen; es fehlte ihm einfach die Luft dazu. Auch versöhnte ihn meine Lieferung an Röhren, die wir dringend für die Radioreparaturen brauchten.

Große Not und Schwarzer Markt

UNSERE STADT UND DIE MÄÄNZER waren 1945 in einer mehrfach verzweifelten, fast aussichtslosen Lage. Die Bevölkerungszahl war durch Evakuierungen und Kriegseinwirkungen drastisch vermindert, viele Männer waren gefallen, vermisst oder in Gefangenschaft. Es gab nur wenig Energie und Brennmaterial, kaum landwirtschaftliche Produktion, die Lebensmittel waren äußerst knapp, die rechtsrheinische Industrie für uns verloren, die Volkswirtschaft total zusammengebrochen. In der Altstadt, um den Kirchgarten herum, blühte jetzt der Schwarzmarkt.

Jeden Tag mussten Händler und ihre Kunden damit rechnen, dass französische Militärpolizei, unterstützt von deutschen Polizeieinheiten, völlig überraschend in Blitzaktionen das Terrain abriegelten, die Personen verhafteten und die Waren beschlagnahmten. Und trotzdem trieben der dringende Bedarf an Lebensmitteln oder anderen Notwendigkeiten zum Überleben die Menschen immer wieder zum Kirchgarten oder an andere Orte.

Schon als Kind habe ich gerne und viel fotografiert. Darum traf mich die folgende „Transaktion“ meiner Mutter besonders hart. Unsere Fotokameras hatten wir heil durch den Krieg gebracht. Mutter suchte ausgerechnet meine Zeiss Ikoflex aus, um sie im Kirschgarten gegen Butter und einige andere Kostbarkeiten einzutauschen. Optische Geräte, besonders Kameras „made in Germany“, konnten die Schwarzhändler sehr gut an die Amerikaner verhökern. Der Handel, bei dem ich mich mit feuchten Augen von meinem wertvollen Besitz trennen musste, verlief ziemlich unspektakulär. „Die Zeite müsse jo mol widder besser werrn, do krieste aach widder e schee nei Ikoflex.“ Durch ihre geschickte Verhandlungstechnik ergatterte meine Mutter hochwertige Lebensmittel, auf die wir notwendiger angewiesen waren als auf meine Ikoflex.

Familienzusammenführung und Beschlagnahme

DIE BESETZER HATTEN DAS RECHT, ihre Familienangehörigen nachkommen zu lassen. Das schloss selbst die Großeltern mit ein. Da die Franzosen daheim ebenfalls infolge des Krieges unter Mangel litten, hatten sie von der Möglichkeit der „Familienzusammenführung" reichlich Gebrauch gemacht. Was man vor ihnen nicht verbergen konnte, wurde requiriert, z. B. Hausrat und Radios in großen Mengen, Kohlen, Baumaterialien, Wein und Lebensmittel. Alles, woran es in ihrer Heimat fehlte, transportierten sie nach Frankreich oder führten es ihrer eigenen Versorgung in der Zone zu. Manch eine Mainzerin sah in einer ihrer Abendroben die französische Madame aus der beschlagnahmten Wohnung ausgehen. Genau genommen waren die Franzosen ebenso arme Teufel wie wir, nur mit dem Unterschied, dass sie als eine der Siegermächte über uns die absolute Macht und damit auch die Verfügungsgewalt über unsere ohnehin spärlichen Güter hatten – und die wurde reichlich ausgeübt.

Das städtische Wirtschaftsamt beschlagnahmte im Auftrag der Militärregierung das Hab und Gut derer, die Parteigenossen gewesen waren oder sich zum Zeitpunkt des Einmarsches der Amerikaner nicht in Mainz aufgehalten hatten.

Über allem Elend schwebte die Wohnungsnot. Die „Quartiermacher" der Franzosen entfalteten auf diesem Gebiet eine besondere Aktivität. Für uns Deutsche blieb von dem ohnehin kleinen Angebot kaum noch etwas übrig. Freier Wohnraum und unterbelegte Wohnungen mussten dem Wohnungsamt gemeldet werden, das daraufhin oft mehrere Familien in eine Wohnung einwies. So lebten nicht selten bis zu sechs und mehr Personen zusammengepfercht in einem Raum. Dass die sich gegenseitig auf die Nerven gingen, Moral, Anstand, Sitte und Gesundheit Schaden nahmen, lag auf der Hand. Jede Notunterkunft, und war sie noch so einfach, oft sogar einsturzgefährdet, wurde genutzt, wenn sie nur einigermaßen Schutz vor den Unbilden der Witterung und eine Heizmöglichkeit bot. Keller, zusammengenagelte Wellblech- und Bretterbuden, Hütten – lose aus Steinen aufgesetzt – waren unser kaltes Zuhause. Das erforderliche „Baumaterial" lag einem ja quasi zu Füßen, es musste nur aufgehoben werden. Allmählich errichteten die Händler, soweit sie an Bretter, Nägel und andere Kostbarkeiten kamen, ihre Verkaufsbuden entlang der vorgegebenen und vom Schutt geräumten Straßenzüge. Unvergessen ist der Radiohändler, der allmorgendlich in einem „Beute-Opel P4", den Kohlekasten mit glühenden Kohlen zwischen Sitz und den Pedalen, zu seiner Hütte rumpelte, obwohl er dort eigentlich nicht allzu viel zu verkaufen hatte.

OPEL P4, gebaut 1935, 1,1 Liter, 23 PS

Echt määnzerisch

Wie fast jeden Abend sitzen ein Sargschreiner und ein Weinhändler beim Halwe im „Beichtstuhl." Einige Gäste verlassen das Weinlokal. Der Schreiner deutet mit dem Daumen und sagt: „Der do, der Klääne, der krieht ach en Sarsch vunn mer."

„Warum bloß der Ääne, die annere sinn doch viel älder und bestimmt früher dro?" „Des is Zores, des lässt sich verbrenne."

Bagaasch, Ici Mayence!

DAS „POTSDAMER ABKOMMEN“ bestimmte, dass „... während der Besatzungszeit Deutschland wie eine wirtschaftliche Einheit zu behandeln sei.“ Frankreich kümmerte das nicht. Besonders die Städte in ihrem Einflussgebiet, allen voran Mainz, hatten unter dem strengen Regiment zu leiden. Die Verhältnisse hier unterschieden sich gravierend von denen der amerikanischen und britischen Zone. Die beiden Gebiete schlossen sich wirtschaftlich schon bald zur Bizone zusammen, während die Franzosen in ihrem Gebiet eine eigene Politik verfolgten. In der Bizone war ein ungehinderter Personen- und Warenverkehr möglich. Die Franzosen riegelten ihre Zone nahezu hermetisch ab, gründeten sogar als Pendant zur „Deutschen Reichsbahn“ in der Bizone eine „Südwestdeutsche Eisenbahn.“ Die Bahnhofslautsprecher brüllten „Ici Mayence“, die Määnzer Gepäckträäscher riefen „Bagaasch“ und der einzige intakte Radiosender in unserer Region meldete sich mit „Ici Radio Coblence.“ Wir erhielten sogar eine eigene Post! Wir befürchteten, dass diese Maßnahmen auf eine längere Besatzungszeit hinausliefen. Erst im April 1949 schwenkten die Franzosen wegen des zunehmenden „Kalten Krieges“ auf die amerikanische und britische Politik ein und stimmten der Bildung der „Trizone“ zu. „Wir sind die Eingeborenen von Trizonesien, Hei-ditschimmela-tschimmela-tschimmela-tschimmela-bumm!“ hieß daraufhin ein neuer Karnevalsschlager des Kölners Karl Berbuer in der Fastnachtskampagne 1948/49. Mit der Gründung der Bundesrepublik Deutschland am 21. September 1949 endete die „Trizone.“

Nebenbei bemerkt: Hartnäckig hielt sich das Gerücht, die „Määnzer Gepäckträäscher“ hätten mit ihrem Ruf „Bagaasch“ eher die französischen Reisenden als deren Gepäck gemeint. Ein Mordsspaß, für den sie niemand bestrafen konnte.

Unser Rheinhessen-Wein war die kostbarste Tauschwährung

DIE MILITÄRBEHÖRDE wollte sichergehen, dass ihre Dekrete auch strikt befolgt würden. In einem überlieferten Fall – und das wird sicher nicht der einzige gewesen sein – umstellten zweihundert Polizisten einen rheinhessischen Ort, zogen den Kreis immer enger und suchten schließlich in jedem Haus nach versteckten Lebensmitteln. Besonders der Wein wurde grundsätzlich und in jeder Menge beschlagnahmt. Denn er war eine der wertvollsten Schwarzmarkt-, Schrottel- und Tauschwährungen. Wenn aus der Bizone lebenswichtige Güter oder dringend benötigtes Baumaterial eingeführt werden mussten, gaben die Militärbehörden für die Kompensationsgeschäfte die benötigten Mengen des flüssigen Goldes frei. 1946 spendierten die Franzosen für den ersten Mainzer Weinmarkt nach dem Krieg sogar einige Tausend Flaschen des requirierten Weins, der, um Schiebereien zu verhindern, an Ort und Stelle getrunken werden musste. Das war die andere, die sympathischere Seite unserer Messieurs. Trotz der Verärgerung in der Bevölkerung über die Requirierungssucht und anderer Schikanen der Franzosen kam man im Großen und Ganzen recht gut miteinander aus. Schließlich war man sich aufgrund der gegenseitigen „militärischen Besuche“ in der fernen und jüngsten Vergangenheit nicht ganz fremd. Zur Freude unserer Besetzer, die am liebsten die französische Sprache als allgemein verbindlich eingeführt hätten, lernten die Mainzer französisch parlieren.
In unseren Lesebüchern waren in der Hauptsache Aufsätze über französische Geschichte und Literatur zu finden. Anfangs verstanden wir Volksschüler nur „Bahnhof“; aber Kinder lernen schnell und so vermischten sich innerhalb kurzer Zeit französische Vokabeln und deutsche Wörter. Für die Ohren unserer Eltern hörte sich ein solcher Mix fürchterlich an. Wir durften im Privatunterricht französisch lernen; der

einzige Ausweg aus dem Kauderwelsch, der zudem nicht viel kostete, weil es genügend Personen gab, die sich auf diese Art etwas hinzuverdienen konnten.
Französische Vokabeln fanden schließlich schon im 17. und 18. Jahrhundert Eingang in unsere Umgangssprache, die von Besetzung zu Besetzung mehr und mehr bereichert, auch verballhornt wurden. Im Sprachschatz der Mainzer finden sich eine Unzahl von Wörtern, die ursprünglich aus dem Französischen eingeflossen sind. In der Umgangssprache hat sich dafür ein eigenes „määnzerisch Französisch" entwickelt.

Einige, in unseren Wortschatz enoigerutschte französische Vokabele

„*Madamm*" = la madame (Dame, auch dickliche oder Respekt einflößende Frau)
„*Waggong*" = le wagon (Eisenbahnwagen)
„*schasse*" = chasser (jagen)
„*Kondukdeer*" = le conducteur (Straßenbahn- oder Eisenbahnschaffner)
„*kommod*" = commode (angenehm, umgänglich, gefällig, bequem)
„*Fuderaasch*" = le fourrage (Futter)
„*dischbediere*" = disputer (disputieren, diskutieren)
„*Bell Etaasch*" = bel étage (schönstes Stockwerk im Haus)
„*alaboneer*" = à la bonheur (anerkennend, wenn einer etwas gut gemacht hat)
„*adschee*" = adieu (lebe wohl)
„*mit Pläsier*" = avec plaisir (mit Vergnügen)
„*Bajass*" = paillasse, Bajazzo (Possenreißer) Beispiel: „*De Bajass mit de Ladern*" Dr. Willi Scheu, der berühmt war für seine geistreichen, geschliffenen Vorträge in der Määnzer Saal-Fassenacht)
„*Pardong*" = pardon (Verzeihung)
„*duswit*" = tout de suite (schnellstens, sofort, umgehend)
„*Konderfei*" = contrefait (Abbild, Porträt)

Stolz sind wir auf unsere Uni

„DIE MAINZER UNIVERSITÄT ist ermächtigt, ihre Tätigkeit ab 1. März 1946 wieder aufzunehmen"; so lautete das französische Dekret. Am 22. Mai 1946 wurde die Hochschule feierlich wiedereröffnet und erhält den Namen des größten Sohnes unserer Stadt: „Johannes Gutenberg Universität." Gegründet wurde die alte Universität im Jahr 1476, die Vorlesungen begannen im Oktober 1477. Für die Aufnahme der künftigen Universität wurden die beschädigten Gebäude der ehemaligen Flakkaserne von den Franzosen freigegeben und von einigen hundert Kriegsgefangenen, die von Major Kleinmann bessere Ernährung erhielten, wieder hergestellt. Einmal mehr wurde das erforderliche Baumaterial im Kompensationsgeschäft auch mit dem begehrten Rheinhessenwein beschafft. Im April 1946 wurde zu Ehren der am Aufbau der Universität beteiligten Kriegsgefangenen der letzte „Mainzer Abend" veranstaltet. Am 22. Mai, dem Tag der Einweihung, erhielten die Gefangenen ihre Freiheit.

Die ehemalige Flakkaserne, die bereits 1945 von den Franzosen zur Nutzung als Universität freigegeben wurde.

Was fern mords Uffmarsch

AM 4. OKTOBER 1945 besuchte General de Gaulle auf einer Inspektionsreise durch die Zone auch Mainz. Er nahm zusammen mit dem Oberbefehlshaber der französisch besetzten Zone, General Pierre Koenig, vor dem „Kaisertor" eine Truppenparade (concentration) ab. Als eine algerische Kompanie vorbeimarschierte, flüsterte eine Määnzer Mutter ihrem kleinen Jungen ins Ohr: „Guck Bub, jetz komme die Utschebebbes" mit ihr'm Hammel." Der Hammel war das Maskottchen und trippelte der Musikkapelle voran. Gelegentlich nahmen die den Hammel sogar mit in die Militärvorstellungen des Capitol-Kino. Mit den Spottwörtern „Utschebebbes" und „Harrawa" bedachten wir Määnzer nach den beiden Weltkriegen die französischen Soldaten nordafrikanischer Herkunft. Zu einem bestimmten französischen Hornsignal sangen wir unsere selbst geschmiedeten Texte: „Harrawa, harrawa, die Wichs wird deier, harrawa, harrawa, die Wichs wird deier, oje, oje, oje. Zu demselben Signal sangen wir in Anspielung auf die magere Ernährung der Soldaten: „Kadoffelsubb Kadoffelsubb de ganze Daach Kadoffelsubb un kää Flääsch."

Echt määnzerisch

„Ein Pfarrer sieht, wie sich ein Knirps an einem Hauseingang vergeblich anstrengt, einen Klingelknopf zu erreichen und bietet dem kleinen Jungen seine Hilfe an. „Klingele se bitte im zwedde Stock unn dricke se ganz lang unn ganz fest druff." Kaum gesagt, rennt der Bub auch schon wie der Blitz davon und ruft dem hilfreichen Pfarrer zu: „Jetz awwer nix wie die Platt gebutzt, Herr Parrer. " Erst jetzt ging dem hilfreichen Pfarrer das Licht auf, dass ihn der Lausbub zum Schelleklobbe angestiftet hat.

Diskussionen und Gebabbel statt forcierten Wiederaufbaus

WÄHREND DIE STÄDTE DER BIZONE bereits fleißig an ihrem Wiederaufbau arbeiteten, verzögerte sich dieser in Mainz erheblich. Zu lange wurde über die Pläne verschiedener berühmter Planer, allen voran des Leiters der Section du Plan, des französischen Star-Architekten Marcel Lodz diskutiert, wonach eine moderne Metropole mit breiten Boulevards und Hochhäusern entstehen sollte. Entschieden lehnte die Bevölkerung aus Antipathie gegen die Superlative, und der Mainzer Stadtrat – auch – wegen Geldmangels diese Pläne ab. Die Bürger wollten, dass ihre Stadt möglichst wieder so entstünde, wie sie ihr Mainz aus der Zeit vor der Zerstörung liebten – eine Stadt mit Herz, in der man gut leben und sich wohlfühlen konnte. Der bei uns beliebte französische Stadtkommandant Major Kleinmann setzte sich sehr für den Erhalt und den Wiederaufbau unserer Kulturdenkmäler ein. Er bewahrte den durch das Feuer zerstörten und baufälligen Turm von St. Stephan vor der möglichen Sprengung durch französische Pioniere. Die für die Sicherung erforderlichen Stahlbänder wurden im Kompensationsgeschäft mit Wein von rechts des Rheins beschafft. Auch die Christuskirche entging ihrem endgültigen Schicksal abgetragen zu werden und für immer aus der Skyline zu verschwinden. Ebenso rettete Kleinmann die Ruinen der barocken Gebäude am Schillerplatz vor dem Abriss. Ihnen blieb dadurch das gleiche Schicksal wie der Ruine des Bischöflichen Palais erspart, die gegen den Widerstand der Mainzer Bevölkerung dem Bau eines Parkhauses weichen musste.

Möglichst bald wieder ein Dach „iwwerm Kobb“

MAINZ BENÖTIGTE DRINGEND WOHNRAUM. Die wiedereröffnete Uni zog Akademiker und Studenten nach Mainz. Aus dem Rheinhessischen strebten evakuierte Mainzer Bürger zurück in ihre Stadt. Die hatten jedoch ein Problem; denn ein Wohnrecht in Mainz hatten nur diejenigen Personen, die bei der Trümmerbeseitigung und dem Wiederaufbau tätig waren. Selbst jetzt noch wurde der Bevölkerung nahegelegt, sich bei Zusage bestimmter Vergünstigungen freiwillig ins Umland evakuieren zu lassen. Wohnraum wurde bewirtschaftet, das städtische Wohnungsamt hatte die Verfügungsbefugnis. Die Mainzer wurden zu Improvisationskünstlern. Entlang der vorgegebenen Straßen und Gassen entstanden Provisorien, die Mainz bis in die 60er-Jahre den Spitznamen „Budenstadt“ eintrug. In der Innenstadt lagen noch immer größere Flächen brach. Es galt für viele Menschen möglichst schnell Wohnraum zu schaffen. Noch in den 60ern herrschte akuter Wohnungsmangel.

Mit Professor Ernst May, der vom Stadtrat 1958 mit einer Generalplanung der Stadt Mainz beauftragt wurde, und der 1960 genehmigt wurde, begann der systematische Wiederaufbau. Die Flächen der modernen Wohnungen waren zwar kleiner, die Decken niedriger als ehedem, aber sie wurden alle mit Bädern ausgestattet, die in den Altbauten überwiegend fehlten. Auf diese Weise schuf man auf demselben Grundriss mehr Wohnraum mit einem vorher kaum gekannten Komfort. Die außergewöhnlichen Umstände dieser Zeit führten in Mainz natürlich auch zu „Bausünden“ und hie und da zur „Unwirtlichkeit“ wie es Alexander Mitscherlich einmal ausdrückte. Stimmt es eigentlich, dass Eltern in engen Sozialwohnungen ihre Kinder Sonntagnachmittags ins Kino schickten, damit sie sich einmal ungestört gegenseitig ihrer Liebe versichern konnten?

Heirade se erst emol ...

1958 ERLAUBTE ICH MIR beim Wohnungsamt höflich nachzufragen, wie es um meinen Antrag auf eine Wohnung bestellt sei, da ich die Absicht hätte in Kürze zu heiraten. „Heirade se erst emol, dann komme se widder und do krien se aach e Wohnung." Meine, wie heißt das doch so schön bürokratisch, „mit mir weder verwandt noch verschwägerten" Zeugen sollten mir später noch sehr nützlich werden. Ich zog ab und heiratete im Jahr 1959 meine Ilse. Eine Wohnung hatten wir uns bereits mithilfe meines LAG-Scheins (Lasten-Ausgleichscheins) und natürlich des „Vitamins B" beschaffen können, sie war aber noch nicht bezugsfertig. „Gute Beziehungen schaden dem, der keine hat." Um die Zusage jetzt einzufordern, vereinbarte ich mit demselben Mann im Amt einen Gesprächstermin, vage hoffend, dass der sich eventuell an sein Versprechen erinnerte. Als er meine standesamtliche Heiratsurkunde gelesen hatte (kirchlich wollten wir uns erst nach Einzug in die neue Wohnung trauen lassen), fragte er ganz ungeniert „warum heirade se dann, wann se noch kää Wohnung hawwe. Ich kann ihne kää aus'm Ärmel schiddele, un zaubern kann ich ach nit." Noch war ich ruhig und gefasst, denn ich konnte ihm ja eine Wohnung „präsentieren", er brauchte sie mir nur amtlicherseits zuzuweisen. Meine Zeugen bestätigten seine damalige Zusage und waren ebenfalls der Meinung, dass ich die Genehmigung problemlos bekommen müsse. „Was säät mer nit alles so dohie, was soll mern sunst sache, wann ääm nix besseres oifällt", erwiderte er und verweigerte mir kategorisch den Schein mit der Begründung, dass meine Wohnung ganz bestimmt bereits anderweitig vergeben sei. Ich ärgerte mir einen Grindkopp und schimpfte ihn lauthals einen Gribbelbisser und einen unfähigen und unehrlichen Beamten. Aus dem Nebenzimmer kam erschrocken ein weiterer Mann hinzu um nachzusehen, was „hier los" sei. Wie sich herausstellte, war dieser sein Abteilungsleiter. Der kam mir und meinen Zeugen gerade recht. Dem beleidigten Beamten ließen wir den Vortritt für seine Schilderung des Vorfalls. Als er aber energisch ableugnete, jemals eine solche Zusage, die er ohnehin nicht hätte machen dürfen, gegeben zu haben, waren wir an der Reihe. Danach bat uns der Abteilungsleiter höflich, das Zimmer zu verlassen, wir würden garantiert in den nächsten Tagen von ihm hören. Um es kurz zu machen: Die Zuteilung kam, Ilse und ich konnten endlich in der Christuskirche den Bund fürs Leben schließen.

Spaß im neu gebauten Bad

Die neue Währung, unser kostbarstes Geschenk

SEIT MONTAG, 21. JUNI 1948, galt in den drei Westzonen die Deutsche Mark als alleiniges Zahlungsmittel. Der Rundfunk verbreitete am Freitag, 18. Juni abends, den Termin des „Tages X."

Der 20. Juni 1948, ein Sonntag, brachte uns endlich die Währungsreform. Dass sie kommen würde, wusste jeder – nur wann, das war die alle bewegende Frage. In den Ausgabestellen für Lebensmittelkarten und in eigens eingerichteten Wechselstuben erhielt jede berechtigte Person gegen 60 Reichsmark ein „Kopfgeld" von 40 Deutsche Mark ausgezahlt; nach zwei Monaten gab es einen Nachschlag von 20 DM. Jeder versuchte, am Samstag vor der Reform noch so viele Reichsmark wie möglich los zu werden, und sei es nur, um sich „ein paar schöne Stunden im Kino" zu machen. Alle Vorstellungen des Capitol-Filmtheaters, das als einziges Kino der Innenstadt den Bombenhagel auf Mainz überstanden hatte, waren am Samstag total ausverkauft. Zusätzlich mussten Stühle im Saal aufgestellt werden; die Feuerwehr drückte beide Augen zu. Am Sonntag jedoch waren es in den Nachmittagsvorstellungen weniger als zehn, abends etwas mehr als dreißig Besucher. Ich durfte die Eintrittskarten abreißen; daher weiß ich das.

Nun besaßen wir die neuen Geldscheine, die wir als kostbares Geschenk und Starthilfe für einen Neuanfang entgegengenommen haben. Wir waren fest davon überzeugt, dass nunmehr, nach fast neun Jahren des unsäglichen Elends und Hungers in der Kriegs- und unmittelbaren Nachkriegszeit ein neues Zeitalter anbricht, das unseren geschundenen Städten und seinen Menschen Wiederaufbau und Wohlstand bringen wird. Einen Teil des neuen Geldes investierten die fürsorglichen Hausfrauen in Lebensmittel, die bereits gut sortiert und in bester Qualität zu haben waren. Manchmal blieben einige Groschen für eine Tafel Schokolade für den Buben oder das Töchterchen übrig, auf die die Kinder solange hatten verzichten müssen. Später Geborene lernten wahrscheinlich erst jetzt diese Köstlichkeit kennen. Läden und Schaufenster waren voll von Waren aller Art in Vorkriegsqualität. Vor der Reform hatten wir viel Geld, konnten dafür aber nichts kaufen. Jetzt war es genau umgekehrt.

Geldschein ½ DM: Mein erstes Taschengeld in neuer Währung.

Echt määnzerisch

Ein Wiesbadener und ein Mainzer hatten auf der Ludwigstraße mit ihren Fahrzeugen eine „Karambolaasch". Der daran unschuldige Wiesbadener fragte den Mainzer, ob er ihn denn nicht gesehen habe. Darauf der Unfallverursacher seelenruhig: „Ach wisse'se, mir Määnzer kenne unser Städtsche; mir mache ääfach die Aache zu unn fahrn."

Ein bekannter Gastwirt konnte es partout nicht ausstehen, wenn nach seiner Meinung ein Gast zu lange vor einem Glas saß, woran er nur nippte statt zu trinken. Mit den Worten „jetz is awwer Zeit" nahm er ihm einfach das Glas weg und ersetzte es durch ein frisch gefülltes.
Derselbe Wirt strafte einen Gast, der ein Piffche bestellte, mit den Worten: „Waad gefälligst bis de Dorscht vor'en Halwe host, dann komm ich widder."

Eine halbe DM als Taschengeld

DAMALS WAR ICH VIERZEHN. Vom „Kopfgeld“ fiel für mich eine Banknote im Wert von einer halben DM ab. Von diesem Taschengeld genehmigte ich mir als Erstes ein Tütchen Vanilleeis zu zehn, den Rest von 40 Pfennigen legte ich zurück.

Schon seit einem Jahr wünschte ich mir das Fachbuch, „Die kleine Radio-Fibel“, eigentlich mehr ein Heftchen von 75 Seiten, das aber nirgends aufzutreiben war. Während eines Schaufensterbummels am Montag entdeckte ich es für eine DM in der Auslage einer Bretterbude, die sich stolz „Bahnhofsbuchhandlung“ nannte. Ich befürchtete, dass es mir vor der Nase weggeschnappt werden könnte und bettelte meine Mutter um die mir fehlenden 60 Pfennige an. Dies war der erste Ratenkredit meines Lebens. Beim Einkauf wurden Prioritäten gesetzt; denn angesichts des überwältigenden, verlockenden Warenangebots fiel es nicht leicht, den Versuchungen zu widerstehen. Letztlich blieb einem wegen Kapitalmangels nichts anderes übrig als standhaft zu sein und sparsam mit dem Taschengeld zu wirtschaften. Die meisten Wünsche wurden zurückgestellt, bis das nötige „Kleingeld“ für ihre Erfüllung angespart war.

Das Gesicht der D-Mark

Die kleine Radio-Fibel

Unser Start ins Wirtschaftswunder

MIT DER WÄHRUNGSREFORM begann ein neues Zeitalter, jedoch noch nicht das, was man gemeinhin als das Wirtschaftswunder bezeichnet. Einiges war noch rationiert, die Bewirtschaftung fiel endgültig erst zu Beginn der 50er-Jahre. Die Basis für eine solide wirtschaftliche Entwicklung waren die Preisbindungen der Ersten und Zweiten Hand. Sie garantierten Groß- wie Einzelhandel hohe Rohgewinne. Das war notwendig, denn schließlich mussten die Kaufleute ihre Warenbestände vorfinanzieren und sehr viel Geld in den Unternehmensaufbau investieren. Ab 1950/1951 etwa entwickelte sich auch die Mainzer Wirtschaft spürbar. Die aufsteigende Konjunktur kam in „Wellen" über uns: Die erste war die „Fresswelle", verständlicherweise, denn man wollte endlich wieder gut und ausreichend essen. Hierauf folgten die „Bekleidungs- und Anschaffungswelle", die „Reise-, Amüsier- und Partywelle." Des Mannes allerliebstes Spielzeug bildete den Schlussakkord aller Anschaffungswellen, allerdings selten gegen Barzahlung. In den meisten Fällen liefen der Fiat 600, die BMW Isetta (auch „Knutschkugel" genannt) oder der Messerschmitt Kabinenroller auf Wechsel. Sie waren die Autos des kleinen Mannes. Immer häufiger sahen wir in unseren Straßen aber auch die legendäre Borgward Isabella, den Opel Kapitän, den Mercedes 190. Mir fehlte leider das Geld; selbst für einen „Leukoplastbomber" reichte es nicht. Wie Perlen auf einer Schnur aufgefädelt standen an den Samstagen die Autos am Rheinufer und an den Straßenrändern zum allwöchentlichen Baden und Polieren durch ihre stolzen Besitzer. Das „Statussymbol" Auto war seinen Besitzern äußerst wichtig. Damit konnte man angeben und allen Nachbarn, Freunden und Bekannten seinen Wohlstand demonstrieren. Interessant ist, dass Frauen bis 1958 den Führerschin nur mit Einverständnis ihres Ehemanns machen konnten.

Viele neuvermählte Mainzerinnen ließen sich von der LVA oder BfA ihre eingezahlten Rentenbeiträge auszahlen, um es in ihren neu gegründeten Haushalt zu stecken. An erster Stelle stand der Alaska-Kühlschrank, gefolgt von der Constructa-Waschmaschine, der Bosch-Gefriertruhe, der Starmix-Küchenmaschine, dem Miele- Staubsauger und was es neuerdings sonst noch für wundervolle Geräte zur Arbeitserleichterung der Hausfrau gab. Elektrokleingeräte wie „Braun Multimix", „Braun Elektrorasierer S50", der unsere Milchbärte stets „einen Millimeter unter der Haut rasierte", AEG Thermofix für Heißwasserbereitung usw. waren begehrte Weihnachtsgeschenke. „Bauknecht weiß, was Frauen wünschen!" war damals einer der bekanntesten Werbesprüche, fast schon ein geflügeltes Wort.

BMW Isetta, genannt „Knutschkugel", war dem mobilen „Verkehr" sehr zuträglich. Danke BMW!

Werbesprüche aus den 50ern und 60ern

Werbesprüche gab es jede Menge, manche so gut und langlebig, dass sie Eingang in unsere Umgangssprache fanden und von uns bei anderen passenden Gelegenheiten als Synonyme verwendet wurden:

„Noch nie war er so wertvoll wie heute." (Klosterfrau Melissengeist)

„Frauengold schafft Wohlbehagen – wohlgemerkt an allen Tagen."

„Dornkaat hilft dem Vadder auf dat Faaahraad."

„Hineinschlüpfen und sich wohlfühlen" (Romika Hausschuhe)

„Wie dem auch sei, 4711 ist immer dabei." (Kölnisch Wasser)

„Neckermann macht's möglich"

„Ei-Ei-Ei Verpoorten, Verpoorten aller Orten" (Eierlikör)

„Wenn einem also Gutes widerfährt, das ist schon einen Asbach Uralt wert."

„Mein Mieder zwickt mich so" (Triumph)

„Ariel wäscht nicht nur sauber, sondern porentief rein", versprach uns Klementine.

„Nerven wollen keine Bündel sein, drum schmiere sie mit Butter ein."

„Wer wird denn gleich in die Luft geh'n?" (Das HB-Männchen wurde Kult)

„Für des Lebens große Stunden – Henkel" (Sekt)

„Frische für den ganzen Tag – 8x4" (Deoseife)

„An meine Haut lasse ich nur Wasser und Lux – die Seife der Filmstars."

„Der Tag geht und Jonny Walker kommt." (Whisky)

„Er läuft, und läuft, und läuft, und läuft, und läuft…" (VW Käfer)

„Geh'n se mit der Konjunktur" …

…SANG DAS HAZY OSTERWALD SEXTETT. Unser wirtschaftlicher Aufstieg war ohnegleichen. Bei der Arbeit klotzten wir gemeinsam mit unserer Elterngeneration ran. Wegen der Überbeschäftigung waren Arbeitskräfte knapp, sodass auch die Frauen, wie seit Kriegsbeginn, kräftig mit anpackten, natürlich auch, um die monatlichen Ratenzahlungen für Anschaffungs- und Kleinkredite leisten zu können. In den zehn Jahren von 1950 bis 1959 verfünffachte sich das Einkommen meines Vaters als Filmvorführer und Technischer Leiter der bei den Mainzern sehr beliebten Kinos „Capitol", „Luxor" und „Cinema." Jetzt leistete man sich wieder etwas und präsentierte das auch stolz. Sonntags konnte man beim Spaziergang auf der klassischen Mainzer „Strunzmeile" (Renommiermeile) gut gekleidete Frauen, Männer und Kinder sehen. Über die Große Bleiche, Rheinpromenade, und den Stadtpark ging es wieder heimwärts. Vielleicht kehrte man vorher noch im Café Dinges oder Nenninger ein, um damit den Reigen des Sehens und Gesehenwerdens zu beenden.

Keine Dame ging ohne die obligatorischen Accessoires Handtasche und Handschuhe zu Kostüm oder Mantel aus. Die Männer stets im Anzug, Krawatte, Mantel, Hut und Handschuhen, den linken angezogen und den rechten in der behandschuhten Linken haltend. Höflich zog man die Hüte voreinander, wechselte vielleicht noch ein paar Worte und ging anschließend wieder seiner Wege.

Eine Reise in den Süden war unser größter Urlaubswunsch. Italienische Schlager suggerierten Sonne, Meer und Liebe an italienischen Gestaden. „Arrivederci Roma", „Bambina", „Il Pericolo Nummero Uno – Madonna", „Marina", „Signorina, Signorina" - dürfen's noch mehr sein? Unser vorerst unerreichbares Ziel war Alassio an der Riviera dei Fiori. Bis wir uns dies leisten konnten, freuten wir uns in den Ferien auf Busfahrten nach Bayern und in andere schöne deutsche Urlaubsregionen.

Mitte der 50er-Jahre rollten wir dann endlich erstmals mit einem VW-Standard-Käfer an die Riviera und zeigten nach unserer Rückkehr stolz auf Filmpartys den Daheimgebliebenen wunderschöne Impressionen unseres Italienurlaubs.

Handschuhe und Handtasche – die Dame von Welt ging nie ohne.

Der erste Urlaub im Sehnsuchtsland Italien

Alassio an der Riviera dei Fiori, 1956

Der erste Tauchgang in Alassio

Aufgetaucht!

Zwei neue Brücken verbinden Mainz mit Europa

BEREITS 1950 KONNTEN WIR MAINZER die auf ihren alten Pfeilern neu errichtete Theodor-Heuss-Brücke einweihen. Schon 1962 folgten die Schiersteiner- und die Weisenauer-Brücke, die beide von dem rheinland-pfälzischen Ministerpräsidenten Peter Altmeier und dem Bundesverkehrsminister Seebohm am 13. Dezember dem Verkehr übergeben werden konnten – zwei Brückeneinweihungen an einem Tag – welch ein Ereignis für unsere Stadt. Mit „viel Volk" standen wir Spalier und winkten dem Autokonvoi mit fast 400 Ehrengästen freundlich zu.

Echt määnzerisch

„Ein Tüncher streicht die Decke eines Wirtshaus-Saales und fällt von der Leiter. Die Wirtin eilt mit einem Gläschen herbei: „Ei-jei-jei-jei-jei, es werd ihne doch nix bassiert soi, da, liewer Mann, drinkese erst emol." Voller Verachtung betrachtet der Maler das Piffche und sagt: „Moi lieb Fraa, sache se mer doch bloß emol, vunn wie hoch muss mer bei ihne erunner falle, dass mer vunn ihne en Halwe krieht ."

„Der Vorsitzende des Kirchenrats besichtigt die Baustelle der Mainzer Christuskirche. Da ihm gewisse Zweifel kommen, fragt er den Polier: „Meinen Sie, guter Mann, dass die Kirche groß genug ist für unsere wachsende Gemeinde?"
Der Polier weise: „Wann se all enoi gehe, gehe se nit all enoi. Wann se awwer nit all enoi gehe, dann gehe se all enoi."

Die Uni, neue Industrien und Medienanstalten schaffen Wohlstand

UNSERE STADTVÄTER KONNTEN eine Vielzahl international renommierter Firmen anwerben, die für ihre zukünftigen Unternehmensaktivitäten in dem Standort Mainz gute Zukunftsaussichten sahen. Unsere Verkehrsanbindungen an ihre Märkte in aller Welt waren jetzt durch Rheinhafen, Rhein-Main-Flughafen, Schienenwege und die neuen Brücken optimal. Beispielhaft für die neue Industrieansiedlung seien nur die Weltfirmen Jenaer Glaswerk Schott, IBM und Hilton genannt. In Mombach entstand mit dem Mainz-Industries-Panzerwerk (MIP) eine Reparaturfabrik für gepanzerte Fahrzeuge und anderes rollendes und schießendes Material. Eine stattliche Anzahl von Arbeitsplätzen wurde dadurch geschaffen. Von amerikanischen Stützpunkten und Kriegsschauplätzen in aller Welt rollten die Züge mit zerschossenem, instandsetzungsbedürftigem Kriegsmaterial nach Mainz-Mombach. Viele unserer Berufskollegen lockten die vergleichsweise hohen Löhne zu MIP, weg von ihrem erlernten Beruf. Durch den Südwestfunk und das Zweite Deutsche Fernsehen wurde unsere Stadt zur Medienstadt mit Weltruf.

Neben dem weltweiten Imagegewinn für unsere Stadt konnte durch die Neuansiedlungen nicht nur ein Ausgleich für die ausgefallenen Steuereinnahmen durch die abgetrennten rechtsrheinischen Vororte erzielt werden; mit den steigenden Steuern aus Gewerbe, Einkommen, Kapital u.a. stand nun wieder mehr Geld für notwendige Investitionen und den Wiederaufbau der Stadt zur Verfügung. Der Aufschwung versetzte uns in eine wunderbare, optimistische Stimmung; wir arbeiteten motiviert und fleißig 48–60 Stunden in der Woche. Eine unserer Grundregeln „besser dood gelacht als wie dood geschafft“ steht dazu nicht im Widerspruch.

1956 reichten die Speichermöglichkeiten für das Stadtgas nicht mehr aus. Zusätzliche Speicherkapazitäten wurden durch den größten Scheibengasbehälter Europas geschaffen. Wir Määnzer waren damit um eine weitere Attraktion reicher. Anfangs war der Gaskessel ein begehrtes Fotomotiv. Später allerdings sollte er uns Fernsehtechnikern größte Schwierigkeiten beim Ausrichten der Antennen bereiten. Sein kolossaler Stahlmantel reflektierte die Fernsehwellen in einem Ausmaß, dass in den meisten Wohnstuben seiner Umgebung nur Mehrfachbilder, sogenannte Geisterbilder, zu empfangen waren.

Der größte Scheibengasbehälter Europas in Mainz

Non Stop Dancing

WENN WIR AN DIE „GOLDENEN 60ER-JAHRE“ zurückdenken, geraten wir unweigerlich ins Schwärmen. Während der Rock'n'Roll der 50er-Jahre für uns Ausdruck bewusster Distanz von der Elterngeneration war, symbolisierten der Beat, die sexy Kleidung der 60er-Jahre, die weiten Hosenschläge und die langen Haare der Männer unsere „Befreiung“ von verkrusteten moralischen Ansichten. Die Rockwelle der Bill Haleys und Elvis Presleys ebbte allmählich ab. James Last und sein großes Orchester eroberten mit ihrem brandneuen gefälligen Sound, unterlegt mit originalen Partygeräuschen, genannt „Atmo“, die Partyszene und die Hitlisten. Das Pendant zu Last war Bert Kämpfert („Stranger in the Night“). Er kreierte den leisen, melodiösen, etwas verträumten Stil. Abwechselnd trafen wir uns in den elterlichen Wohnungen, um gemeinsam Platten von Gerry Malagan, Klaus Doldinger, Louis Armstrong und anderen Jazz-

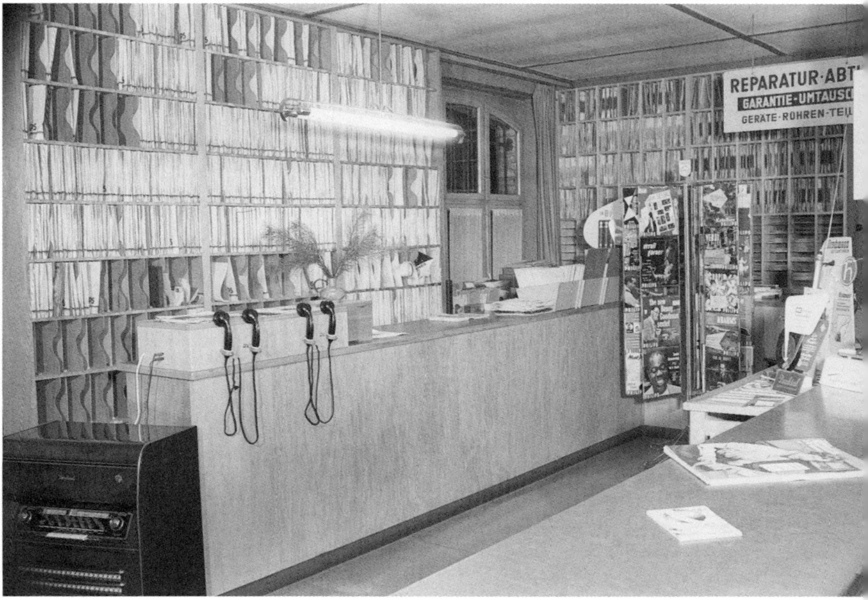

Phonobar mit vier Stielhörern bei Fa. Willi Jung KG

größen zu hören. Auf den Partys tanzten wir nach amerikanischer, englischer und französischer Musik und schmusten nach deutschen „Schnulzen."

Wir hockten in den Plattenläden an den Phonobars, die Stielhörer an die Ohren gepresst, um die Schallplatten probezuhören: „Lolitas „Der weiße Mond von Maratonga", Katharina Valentes „Steig in das Traumboot der Liebe", Freddys „Heimweh", Rene Carols „Rote Rosen, Rote Lippen, Roter Wein" und „Im Hafen von Adano", Gerhard Wendlands „Tanze mit mir in den Morgen" und „Das machen nur die Beine von Dolores", u. v. a. Die seichten Schmachtfetzen dieses Genres waren typisch für den allgemeinen Zeitgeschmack. Diese Musik mochten wir nicht besonders, zu fortgeschrittener Stunde war sie uns zum Tanzen aber immer sehr willkommen, gestatteten doch Melodie und Rhythmus ein körpernahes Tanzen. Ausgesprochene Partyhits waren „Oh Baby Baby Balla Balla..." (The Rainbows), und „Er hat ein knallrotes Gummiboot", gesungen von Wencke Myhre. Selten fehlte Heintjes „Mama." Während diese Platte lief, verkrümelten sich die meisten jungen Männer, um sich diese Schnulze nicht anhören zu müssen. Wie durch ein Wunder waren sie danach alle wieder zur Stelle.

Echt määnzerisch

Auf dem Bahnhofsvorplatz wollte ein Durchreisender von einem Mainzer eine Auskunft. Soweit kam's jedoch nicht: „Bitte verzeihen Sie, ich bin hier fremd und ..." Der Määnzer lächelte gütig und antwortete nachsichtig: „Ich verzeih Ihne", und ging seiner Wege.

Schlager der anderen Art

IN DER WELT DER SCHLAGER und Schnulzen gab es auch anderes, das uns eher ansprach: „Ma Vie“ (Alain Barriere), „Frag’ den Abendwind“ (Francoise Hardy), Udo Jürgens „Merci Cherie“, und „Mathilda“), Andy Fisher („Carneby-Street“), auch die „Jugendsünden“ Paul Kuhns „Statt weiß, trag rot...“, „Es gibt kein Bier auf Hawaii“, The Lords „Glory Land“, Pat Boone „Tutti Frutti“ und „I’ll be Home“, Johnny Rivers „Memphis Tennesee“, France Gall „A Banda“, Massiel „La-la-la“, Adriano Celentano „Azzuro“, Nini Rosso „Il Silenzio“, Ronny „Oh my Darling Caroline“, David Garrick „Dear Mrs. Appelbee“, Al Martino „Spanish Eyes.“ Diese und noch viele viele andere waren es wert, gehört und getanzt zu werden.
In schneller Folge kamen neue Tänze, die wir umgehend lernen mussten: Twist, Cha Cha Cha, Let Kiss, um nur einige zu nennen. Lala und Heinz von der Tanzschule Führ hatten alle Hände und Füße voll zu tun. Die meistgespielten Let-Kiss-Titel: Sandy Shaw „Puppet on a String“, Andy Fisher „A Man in the Woods“ und „I have a dog“, Oh, oh, what a kiss“.

Ronny: Oh, my Darling Caroline

In Montana, in den Bergen
steht ein Haus am Waldesrain.
und dort war’n wir froh und glücklich –
ich und meine Caroline.
Oh, my Darling, oh, my Darling,
oh, my Darling Caroline,
wollte nie mehr von Dir gehen,
kann doch nie mehr bei Dir sein.

Wir hatten vieles nachzuholen

NACH DEN ENTBEHRUNGSREICHEN JAHREN dürstete uns nach Kultur und Bildung. Konzerte, Theater- und Kinovorstellungen waren gut besucht, meist ausverkauft. Große internationale Streifen, die uns manchmal sogar die Liebkosungen im dunklen Saal vergessen ließen, kamen in die Lichtspielhäuser. Die Filmauswahl fiel uns angesichts stets schwindsüchtiger Portemonnaies nicht leicht; wollten wir die Vorstellung doch möglichst mit der gerade aktuellen Freundin besuchen, und sie anschließend noch zu einem Milchshake oder tollen Eisbecher „Hawaii" in Beppos „Dolomiti" einladen. Seit dem Farbfilm „Frau meiner Träume" 1944 wurden jetzt wieder erste deutsche Revuefilme gedreht. „Die Dritte von rechts" mit Vera Molnar (1950), „Die verschleierte Maja" mit Maria Litto (1951), „Der bunte Traum" mit Maria Litto, und noch viele, viele andere gute Musikfilme. Aus Amerika kamen „Die Badende Venus" mit Ester Williams, Harry James, Ethel Smith an der für uns damals neuen Hammondorgel zu uns. Alle diese Streifen setzten Maßstäbe für guten Swing, Schlagermusik und gute Stimmen. Auch dem deutschen Schlagerkomponisten und Orchesterchef Michael Jary gehörten unsere Sympathie und Begeisterung.

Leseringe, Buchclubs und Bildungsgemeinschaften entstanden. Um sich eine gute Bibliothek schaffen zu können, traten wir Buchgemeinschaften – wie Bertelsmann und Büchergilde – bei, die uns die klassische und moderne Weltliteratur ins Haus lieferten. Häufiger als die Bibel stand in den meisten Haushalten Margaret Mitchells Monumentalwerk „Vom Winde verweht" (Hauptvorschlagsband der Buchclubs); die überlange Filmschwarte lief wochenlang in unseren Kinos. Sie bot uns jungen Leuten einige genussreiche Schmusestunden zu zweit. Manche sollen den Film mehrmals „gesehen" haben.

ERICH J. A. PIETREK ZEIGT:
MARIKA RÖKK
FARBFILM-MUSICAL
»In der Nacht ist der Mensch nicht gern alleine . . .«
FRANZ GROTHE
Die Frau meiner Träume
WOLFGANG LUKSCHY
WALTER MÜLLER
GRETHE WEISER
GEORG ALEXANDER
Regie:
GEORG JACOBY
NORDWESTDEUTSCHER UNITAS FILMVERLEIH
NWDF

Hollywood schlägt zurück

APROPOS KINO: Ab etwa 1954 erwuchs allmählich auch in Deutschland dem Kinofilm eine harte Konkurrenz – das Fernsehen. Die Filmindustrie schickte neue Ton- und Bildformate in die Arena, um dem drohenden Publikumsschwund vorzubeugen – wie sich herausstellen sollte, ein aussichtsloses Unterfangen. Jedenfalls freuten wir uns über die ersten Cinemascope-Filme der Hollywood-Studios, obwohl ein Zuschlag auf den normalen Kartenpreis zu berappen war. „Das Gewand" - ein „Sandalenfilm" par excellence, sollte für uns und unsere Mädchen zum festlichen Ereignis werden, fast wie ein Theaterbesuch. Im gedeckten Zweireiher, weißen Hemd und silbergrauer (!) Krawatte mit Windsorknoten führten wir unsere jungen Begleiterinnen in die Loge. Das war eine Schau im hell erleuchteten Kinosaal des „Filmpalast." So haben wir es gehalten bei allen weiteren Premieren in 3-D, Todd-A-O usw. usw.

Original Todd-A-O-Filmausschnitt

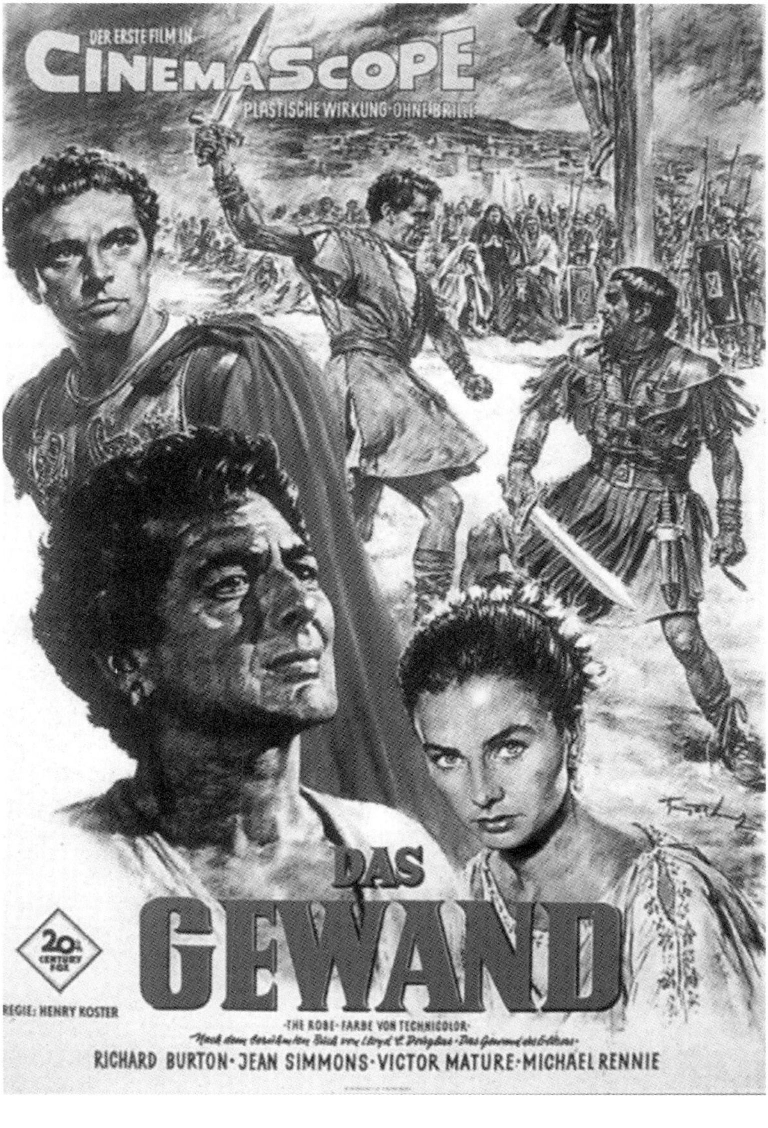
DER ERSTE FILM IN
CINEMASCOPE
PLASTISCHE WIRKUNG · OHNE BRILLE
DAS
GEWAND
20th CENTURY FOX
REGIE: HENRY KOSTER
·THE ROBE· FARBE VON TECHNICOLOR·
RICHARD BURTON · JEAN SIMMONS · VICTOR MATURE · MICHAEL RENNIE

Peter, der Große

IN IHRER MUSIKWELT war der Deutschen liebstes Kind Peter Alexander, allein schon deshalb, weil er der Wunsch-Schwiegersohn aller Mütter mit heiratsfähigen Töchtern war, die sich keinen wohl erzogeneren und schöneren Ehemann vorstellen konnten als Peter mit dem Dackelblick. Vor seinen Auftritten und Schlagerchen ergriffen wir Jungens ebenso die Flucht wie vor potenziellen Schwiegermüttern. Beim geringsten Anschein, dass Mutter immer „dabei sein wollte", (Chris Howland: ."...denn die Mutter ist immer dabei") verabschiedeten wir uns, wie bei Lala gelernt, formvollendet.

Die Gastgeberin servierte ihren Gästen Käse-Igel, Kullerpfirsische, alle möglichen Bowlesorten und jede Menge Salzstangen und Erdnüsse. Vom Fernsehen kannte man Clemens Wilmenrods Toast Hawaii, der bald bei jeder Party in den bundesdeutschen, so auch in den Mainzer Backöfen, brutzelte. Wir qualmten HB („Wer wird denn gleich in die Luft gehn..."), Peer, Astor, Reval („Siehst du die Gräber dort im Tal..."), und tranken unseren „Haustrunk" VAT 69, auch, weil sich die (leeren) Flaschen so gut als stilvolle Party-Kerzenständer eigneten.

Twist again! Er kam wie eine Naturgewalt. Die Bewegungen der Tänzer glichen denen beim Trockenrubbeln ihrer Rückseite nach der Morgendusche.

Bei der Freundin oder dem Freund übernachten? Völlig ausgeschlossen! Man glaubt es kaum: Bis 1972 hatte in der Rechtsprechung der „Kuppelparagraph" Bestand. Strafbar machte sich jeder, der Beischlaf ohne Trauschein ermöglichte! Trotzdem wussten beide Geschlechter, wie sie zueinander finden konnten. Unsere diesbezügliche Fantasie kannte keine Grenzen.

Kunst, Kultur und Fassenacht

STADTKOMMANDANT MAJOR LOUIS KLEINMANN, der spätere Ehrenbürger der Johannes-Gutenberg-Universität Mainz, besaß unsere Sympathie. Er sagte von sich selbst, „... dass er mit den Mainzern neben ihrem Optimismus und offenen Geist auch die Liebe zum Wein gemeinsam habe.“ Von Major Kleinmann und dem Kulturbeauftragten der Militärregierung, General Louis Schmittlein, gingen starke Impulse für die Kulturpolitik aus. Beide Herren haben sich um unsere Stadt und ihre Bevölkerung sehr verdient gemacht. Schon im Mai 1945 wurde der „Kulturbund“ als Veranstalter für Konzerte, Lesungen, Vorträge und Theater gegründet. Da unser Stadttheater erst 1951 wieder aufgebaut und bespielbar war, fanden bis dahin Theateraufführungen und Konzerte mit großem Erfolg im Hörsaal der Kunstschule mit seinen 350 Sitzplätzen „Am Pulverturm“ statt. „Ingeborg“, eine Komödie des berühmten Mainzers Curt Goetz (Filme wie „Frauenarzt Dr. Prätorius“, „Das Haus in Montevideo“, „Napoleon ist an allem schuld“), feierte hier am 26. November 1945 ihre Premiere.
Auf Colonel Kleinmanns Drängen, der ein guter Kenner der Mainzer Vorkriegsfastnacht war, sollte die Määnzer Fassenacht möglichst bald wieder aufleben. Er besprach im Oktober 1945 seine Ideen und die Möglichkeiten ihrer Verwirklichung mit Heinrich Hilsenbeck, Seppel Glückert, Karl Moerle und OB Kraus. Zusammen mit dem Kulturbund wurde 1946 im „Pulverturm“ der „Mainzer Abend“ organisiert, der seines großen Erfolges wegen vierzehnmal wiederholt wurde. Mit dabei waren das Willius Senzer Ballett und einige wenige Hofsänger. Seppel Glückert setzte mit seinem Vortrag den Schlusspunkt. Erst nach einem Streitgespräch zwischen Regisseur und Publikum geht die Satire von Karl Moerle „Ist Das Nötig“ erfolgreich über die Bühne.
Unter der Ägide der wieder neu entstandenen Traditionsvereine „Mainzer Carneval Verein“ und „Mainzer Carne-

val Club“ fanden im Saal des „Brauhaus Zum Rad“ 1947 die ersten fastnachtlichen Sitzungen, etwa vierzig an der Zahl, statt. In der schweren Zeit des Mangels und Hungers ... konnte man die Sitzungen ohne Weiteres als ein Seelenbad bezeichnen, bei dem man sich allen Verdruss von der Seele spült...“, schreibt Philipp Kepplinger im „Mainz Vierteljahresheft 1/1997.“ Dass die Komiteeter im Frack erscheinen konnten, verdanken sie dem Gewandmeister des Theaters Siegfried Kräupel. Im „Pulverturm“ wurde die Posse „Das Heiratsfieber“ aufgeführt. Nach seinem Wiederaufbau wird das Kurfürstliche Schloss zur „Narhalla.“ Das war 1950. Mit dem Kauf von 100 000 „Zuchblagettschern“ unterstützten die Määnzer den MCV bei der Finanzierung des ersten Rosenmontagszuges der Nachkriegszeit.
Bereits kurz nach ihrem Einmarsch gaben die Franzosen das „Capitol“, das einzige Kino in der Innenstadt, das den Bombenkrieg unversehrt überstanden hat, wieder an seinen Besitzer Albert Kämmer Le Bret zurück. Zunächst wurden französische Filme mit Untertiteln gespielt, bis die Militärbehörden sogenannte „politisch unbedenkliche“ deutsche Filme freigaben. Im Jahre 1947 kamen bereits die ersten deutschen Produktionen ins Capitol, unter anderem der „DEFA“ Film „Ehe im Schatten“.
1956 schlüpfte der Student an der Mainzer Uni und Kabarettist Hans Dieter Hüsch mit seinem Ensemble im Keller des Anwesens Mittlere Bleiche 81/10 unter. Die Richtung war neu: Die Akteure bezogen ihr Publikum in die Spielhandlungen und Sketsche mit ein; das gefiel uns. Nach jedem Besuch dieses Kelleretablissements freuten wir uns schon auf die nächsten Vorstellungen.

En Halwe is noch lang kään halwe Liter

IN EINER DER VIELEN gemütlichen Mainzer Weinstuben mit fast musealer Einrichtung hockten in fröhlicher Runde, wie jeden Tag zu dieser Stunde, sechs Schobbestecher beisammen und gaben sich dem Genuss ihres Dämmerschoppens hin. Einer von ihnen hatte eine speckige Batschkapp auf dem Kopf, die er fast nie absetzte. Man konnte bereits ihren Weinnasen ansehen, welchen Gaumenfreuden sie frönten. Durch den regelmäßigen, maßvollen Weingenuss gelassen und weise geworden, folgten sie der philosophischen Erkenntnis, dass man sich „beim Weine nicht um des Kaisers Bart streitet." Das überlässt man lieber den Bierfreunden an ihren Stammtischen. So erzählen sie sich zu ihrem eigenen Vergnügen und der Belustigung lauschender Gäste Geschichten und Anekdoten über ihre Stadt und deren Bewohner, die sie selbst erlebt, gelesen oder von anderen gehört haben. Es kann sich um einen x-beliebigen Stammtisch ebenso handeln wie um jedes urgemütliche Weinlokal irgendwo in der Mainzer Altstadt – „Zum Birnbaum", der für seinen vortrefflichen Spundekees berühmt war, oder die Weinhäuser und Weinstuben „Bacchus", „Domsgickel". „Hottum", „Lösch", „Michel", „Schreiner", „Wilhelmi", „Zum Flehlappe", „Zum Spiegel", „Zum Beichtstuhl" (in dem eine resolute und nicht aufs Maul gefallene Wirtin mitunter barsch mit ihren Gästen umsprang) – u. v. a. m. Immer und überall wird es uns beim Weingenuss ein besonderes Vergnügen sein, den Schobbestechern und Schnudedunkern zuzuhören.

Inzwischen hatten im Lokal am Nachbartisch zwei Herren Platz genommen. Man hörte an ihrer Aussprache, dass sie Messfremde, wahrscheinlich Vertreter, waren. Der Wirt näherte sich den beiden und fragte auf seine Art freundlich: „Was solls'n soi?" „Herr Ober, welchen Wein können Sie uns empfehlen?" Sprachlos und mit verächtlichem Blick wandte sich der „Ober" ab und bezog schweigend wieder seinen Posten hinter der Theke. „Was hat der bloß?", fragten sich

die Gäste und sahen sich ein wenig hilflos in der Stube um. Dies blieb unseren Schnudedunkern, immer hellhörig auf der Lauer nach interessanten Geschichten und guten Witzen liegend, natürlich nicht verborgen. Den Schalk im Nacken, verständigten sie sich augenzwinkernd mit dem Wirt, dass sie sich mit den Fremden einen Scherz erlauben möchten. Die trocken sitzenden Herren wurden darüber aufgeklärt, dass man den Wirt nicht ungestraft „Ober“ nennen darf. Dieser hier bewirte so hohe Persönlichkeiten wie unseren geehrten Herrn Bischof (was sogar der Wahrheit entsprach). Aber, wenn die Herren eine „Runde schmissen“, wolle man sich beim gekränkten Wirt für die unwissenden Gäste fürsprechend verwenden.
Nur allzu gerne waren die Fremden dazu breit, wenn sie nur endlich etwas für ihre trockenen Kehlen bekämen. Weil auch ihre eigenen Gläser inzwischen des Nachfüllens bedurften, baten unsere Zecher mit „kümmerlicher“ Miene den Wirt, „den Herren noch einmal die Gunn ozudue und sie nach ihren Wünschen“ zu fragen. Jener schlurfte in seinen Filzschlappen mitgespielt kreebischer Miene zu den Gästen und wartete... „Herr Wirt, für die Herren eine Runde und für uns zwei Wein nach ihrer Wahl.“ Mit ernster Miene fragte der Wirt: „Zwää Halwe in Schoppegläser oder in Määnzer Stange oder im Römer, oder zwää Piffcher zum Oidrinke, oder zwää halwe Piffcher zum Probiern.“ In gestelztem Hochdeutsch setzte er hinzu: „Wie hätten es denn die Herren genau, bitte sehr?“ Wieder sahen sie nach dem Stammtisch, ob sie von dort eventuell Unterstützung erwarten dürften. Aber die Brüder waren miteinander in ein sehr ernsthaftes Gespräch über Gott und die Welt vertieft und schienen von der Hilflosigkeit der Gäste nichts zu bemerken …
Der Wirt richtete seinen Blick flehend gen Himmel und begann, den bedauernswerten Unwissenden die rheinhessischen Hohlmaße zu erklären. „Also, basst emol acht“, sprach er und hob nach Oberlehrermanier seinen Zeigefinger, „En Lidder (1 Ltr.) is en Ganze. En Halwe awwer ist kään

halwe, sondern e bißje wenischer als en verddel Lidder (0,2 Ltr.), während en Schoppe en halwe Lidder (0,5 Ltr.) is. En halwe Halwe is e Piffche (0,1 Ltr.), un 0,05 Ltr. sin e halwes Piffche odder en halwe zehntel Lidder. Alles ganz ääfach." En ganze Liter schaffe Sie net uff emol, also bestelle se en Halwe. Dermaßen verwirrt bestellten die Herren schließlich ihren Wein, wie gewohnt, in Römern. Beim Servieren beichtete der Wirt, dass man sich mit den Herren einen harmlosen Spaß erlaubt habe und kredenzte als Geste der Versöhnung einen echten „Mauldabbezierer", einen ganz besonders guten Wein. Sein Kommentar dazu: „Der schmeckt, als det ääm e Engelsche uff die Zung pinkele."

Der stille Genießer Wolfgang Engel.

In der Bier-, Wein- und Sektstadt Mainz kommt jeder edle Zecher auf seine Kosten

UNSER STAMMLOKAL ist wieder „voll wie e Worschhaut", auch die Stammtischbrüder sind vollzählig beim Schoppen versammelt. Es geht hoch her im Lokal, von den Tischen schallt fröhliches Lachen und Singen durch die Schankstube – so haben wir's gern. Schließlich geht die Tür auf und mehrere Herren betreten den Raum. Der Wirt: „Meine Herren, leider kann ich Ihnen keinen Tisch mehr anbieten." Und mit einer allumfassenden Handbewegung fügt er hinzu: „Sehen Sie selbst". Aber, wenn die Herren einverstanden sind, kann ich mich ja mal bei den Gästen umhören. Wie ich meine Määnzer kenne, rücken die gerne noch etwas enger zusammen. Da können Sie gleich mitschunkeln." So geschah es. „Was ist gefällig, die Herren?" „Wir waren den ganzen Tag unterwegs und haben einen Riesendurst." „Das höre ich gern", sprach der Wirt und freute sich schon auf eine große Bestellung. „Welches Bier haben Sie im Ausschank?" Eine bedrohliche Stille legte sich plötzlich über Gäste und Lokal. Alle Augen waren fest auf die Herren gerichtet, die es wagten, die Stätte, in der man ehrfürchtig Bacchus, dem römischen Gott des Weins huldigt, durch das Begehren nach Gerstensaft zu entweihen. Alle, die diesem Frevel zuhören mussten, wussten natürlich, dass ein schönes kühles Bier eine wunderbare Sache ist, aber alles zu seiner Zeit und vor allem am richtigen Ort. Doch wird am Rhein nicht alles so heiß gegessen, wie's gekocht wird. Mit määnzerischem Charme rettete der Wirt die Situation. Unsere „Sünder" erlebten noch einen schönen Abend, von dem sie sicher daheim noch lange erzählt haben.

Achtung! Sichtkontrolle

WIR JUGENDLICHEN waren in der Öffentlichkeit stets den prüfenden Blicken und teilweise abfälligen Bemerkungen der scheinbar niemals jung gewesenen „Sittenwächter“ ausgesetzt. Deswegen mussten wir uns zum Schmusen nach heimlichen Gelegenheiten an schummrigen Plätzen umsehen, die wir in den dämmrig beleuchteten Anlagen oder auf Bänken am Rheinufer fanden. Besonders die dunklen Kinosäle eigneten sich hervorragend dafür, kosteten aber Eintritt. Kaum erschien der Filmtitel auf der Leinwand, interessierte uns die Handlung des Films nur noch nebenbei.

Prüderie beherrschte die ältere Generation der 50er- und 60er-Jahre. Das Thema Sex war in der Öffentlichkeit tabu, die sexuelle Aufklärung der Kinder, mit wenigen Ausnahmen, dürftig. Das Elternhaus war damit überfordert. Als schließlich die Notwendigkeit eines Sexualkundeunterrichts an den Schulen erkannt worden war, gab man den Schülern einen „Sexualkundeatlas“ an die Hand.

1951 wetterte die katholische Kirche gegen den Willi-Forst-Film „Die Sünderin“ mit Hildegard Knef. Der „Freiwilligen Film-Selbstkontrolle“ im Biebricher Schloss wurde Inkompetenz und Verantwortungslosigkeit in Sachen Moral vorgeworfen. An allen katholischen Gotteshäusern der Stadt Mainz wurden Pamphlete gegen den „unsittlichen“ Film mit der Aufforderung angeschlagen, die Kinos zu boykottieren, die den Film spielten. Das war Wasser auf die Werbemühle des Verleihs. Wir, das Publikum, stürmten die Kinokassen in der Erwartung, etwas „Anrüchiges“ und „Unanständiges“ zu sehen. Finanziell war der „Schinken“ ein voller Erfolg, jedoch eine große Enttäuschung für uns Zuschauer. Nur wenige Sekunden räkelte sich Hilde im Evakostüm, zu kurz, um die Nackte auf der Leinwand richtig in Augenschein nehmen zu können; das war’s dann auch schon gewesen. Wozu also die ganze Aufregung?

„Jetz werd danze gelernt!“ ...

... befanden eines Tages unsere Mütter. Mein Freund Willi und ich gingen zu der damals renommiertesten Tanzschule, um uns anzumelden. Die war in einer Etage eines mehrstöckigen Wohnhauses beheimatet. Ein junger Mann öffnete die Tür und fragte nach unserem Begehr. „Wir möchten uns zur Tanzstunde anmelden“, sagte Willi. „In Ordnung“, meinte der Schnösel und fügte hemmungslos hinzu „Wir sammeln für einen Kühlschrank für die Chefin, wie viel wollt ihr spenden“? Jetzt war die Reihe an mir: „Du kannst mer emol die Huwwel ausblose, doi Chefin hot für uns noch nix geleist un du willst schunn e Spende hawwe“, drehte mich um, nahm meinen Willi und steuerte zur Treppe. Wir fanden schließlich eine andere, mindestens ebenso qualifizierte Schule, in der wir gute Umgangsformen und prima tanzen lernten: Lala Führ.

An den Samstagabenden führten wir unsere Partnerinnen in Abendgarderobe in Bars wie „Palaststuben“ in Mainz, „Tabarin“ in Wiesbaden, „Tennis Bar“ in Bad Homburg, „BB Club“ in Frankfurt. Bei knappen Kassen wählten wir Lokale wie „Telehaus“, „Heilig Geist“, „Café Nenninger“, „Watrin Bar“ in Mainz, Café Wolf in Kastel und Park-Cafe in Wiesbaden, in denen eine legere Kleidung angebracht war.

Wegen ihrer damaligen Popularität sei die Band „Unirhytmiker“ erwähnt. Studenten aller Fakultäten spielten für uns sehr professionell zum Tanz auf.

Unser Heimweg zu früher Stunde führte uns über den Münsterplatz, wo Nacht für Nacht vor Foto Knapp der Wurstmaxe stand, um die „Spätheimkehrer“ mit wundervollen Würstchen zu versorgen. Frisch gestärkt traten wir so den Nachhauseweg an. Ein unvergessliches Erlebnis aus jenen Tagen und ein postumes Dankeschön an den Wurstmaxe vunn Määnz.

Die Straßenfeger

NICHT IN JEDEM HAUSHALT stand damals schon ein Fernsehgerät. Man ging in die Kneipe, die im Fenster „Heute Fernsehübertragung..." ankündigte. Oder man bewaffnete sich mit ein paar guten Flaschen Wein und ging zu Freunden oder Nachbarn zum Fernsehen. Daraus wurden mitunter reizvolle Abende, die der Gemeinschaft sehr förderlich waren. Oft blieb man nach dem Programm noch zusammen, erzählte sich Geschichten und Anekdoten, lästerte auch schon mal über die Nachbarn, das war immer besonders schön. Mit wachsender Zahl der Fernsehgeräte schliefen diese Begegnungen leider größtenteils ein. Gespannt verfolgten wir vor den Bildschirmen Fernsehspiele und -serien, die wegen ihrer hohen Einschaltquoten „Straßenfeger" genannt wurden. Erwähnt seien beispielsweise Jürgen Rolands „Stahlnetz", Vico Torrianis „Hotel Victoria", die Spielshows mit dem „Mi-

Peter Frankenfeld im obligatorischen karierten Jackett mit dem Briefträger Walter Sparbier, vom Fernseher abfotografiert.

ster Wunnebar“ Lou van Bourg „Jede Sekunde einen Schilling“ (von den „Gonsbachlerchen“ in unserer Fastnacht mit „Jede Sekunde einen Hering“ parodiert) oder ab 1964 „Der Goldene Schuss“, den „Onkel Lou“ wegen eines „Sexskandals“ in seinem Privatleben 1967 an Vico Torriani abgeben musste. Der Show-Großmeister „Kuli“ Kulenkampff brachte uns ab 1953 mit „Einer wird gewinnen (EWG)“ die große Samstagabend-Show in die Wohnzimmer. Auch Wim Thoelkes „Der Große Preis“ und Peter Frankenfeld mit „1:0 Für Sie“ oder „Musik ist Trumpf“ zogen uns in ihren Bann.
Wenn 1961, 1962 und 1963 die Krimiserien „Tim Frazer“, „Melissa“, „Das Halstuch“ und „Paul Temple“ von Francis Durbridge über den Bildschirm flimmerten, hätten wir „nackisch dorch Määnz laafe kenne“, ohne jemandem zu begegnen. Der Kabarettist Wolfgang Neuß verriet, noch während die Serie lief, „der Dieter Borsche ist der Halstuchmörder“. Die Nation war empört, es gab sogar Morddrohungen.
Auch das ist erwähnenswert: In den 1950ern spielte allabendlich das ARD-Fernsehen zum Sendeschluss die Nationalhymne und die Hymne der Bayern!

Echt määnzerisch

Ich besuchte eine Tante in Biebrich, um ihr zum Geburtstag zu gratulieren. Die Tante war mächtig stolz auf ihr kokettes Töchterchen. Als mehrmals der Ausdruck „Teenager“ gefallen war, wurde es einem Onkel zu bunt: „Tienädscher? Was’n des? Bei uns in Määnz hääßt des „Rotznoos!“

... uuund – Äktschen!

MIR MÄÄNZER mache awwer ach jeden Fez mit! 1960 drehte William Dieterle für die Ufa in den Tempelhofer Ateliers und in Mainzer Gassen und Straßen seinen Film „Die Fastnachtsbeichte" nach dem Roman von Carl Zuckmayer. Für seinen Film ließ Dieterle den Rosenmontagszug einen außergewöhnlichen Weg nehmen: Die schönen Häuser aus der Gründerzeit in der Uferstraße und der Blick auf den Rhein gaben die stimmungsvolle Kulisse für das Zugspektakel der Kampagne 1913 her, in der Zuckmayers Krimi-Drama spielt. Mit Hans Söhnker alias „Panezza" und „Prinz Karneval" waren die Hauptrollen u.a. mit Götz George, Berta Drews, Milena von Eckhardt hochkarätig besetzt. Viele Statisten wurden benötigt, die am Zugweg jubeln und echte Määnzer Lebensfreude versprühen mussten. Ein diesbezüglicher Aufruf der Filmproduktion fand, wie sollte es in Mainz auch anders sein, große Resonanz in der Bevölkerung. Durch die alljährlichen Fastnachtskampagnen wohl geübt,

Clownsgruppe des TC Rot-Weiß der Tanzschule Führ

gaben sie sowohl beim fastnachtlichen Filmtreiben wie am Zug aus vollem Herzen ihr Bestes. Unsere Tanzschule Führ stellte eine imposante Clownsgruppe, die im Film auf der Treppe der Weißliliengasse sehr gut zur Geltung kam. Immer und immer wieder musste die Klappe geschlagen und die Sequenz wiederholt werden, bis es endlich hieß: „gestorben und kopieren.“ Als Belohnung für unsere Begeisterung und Anstrengung sahen wir unsere Gruppe für nur wenige Augenblicke in der Totalen auf der Leinwand – eine schöne Enttäuschung, Herr Dieterle. Aber der Film wurde „trotzdem“ ein Erfolg und rückte, wie zuvor schon das Buch, unsere Stadt weltweit einmal mehr ins beste Licht; und dafür sind wir immer zu haben. Die Uraufführung des Films fand am 15. September 1960 im „Prinzess“ in Mainz statt.

Prinzenwagen mit Hans Söhnker und Helga Tölle als Prinz und Prinzessin

Studende un Määnz warn immer ääns

PROTESTE UND DEMONSTRATIONEN verliefen in Mainz durchweg friedlich und vergleichsweise ohne nennenswerte Sachbeschädigungen.

Emanzen schwangen ihre BHs und demonstrierten lautstark für die Befreiung der Frau von „der Knechtschaft durch den Mann“. Am Weg lachten wir uns schier kaputt und freuten uns auf wippende Busen unter T-Shirts und Blusen. Demonstranten für „Love and Peace“ zogen durch die Mainzer Innenstadt, und die Handwerkslehrlinge skandierten: „Wir fegen nicht mehr die Werkstatt und holen für Meister und Gesellen nicht mehr Bier und Frühstück.“ Demonstriert wurde gegen den „tausendjährigen Muff unter den Talaren“ der Hochschulprofessoren, gegen Krieg und Gewalt. Damit konnten wir uns anfreunden, nicht aber den Hass und die Zerstörungswut akzeptieren, mit der mitunter die gerade dagegen Demonstrierenden ihre Forderungen vorbrachten. Die Studentenunruhen 1968 konnten in größeren Universitätsstädten als Mainz sehr heftig sein und zu brutalen Prügeleien mit der Polizei eskalieren. In unserer Stadt verliefen die Demos recht friedlich, man kann sogar sagen, diszipliniert ab. Vom Straßenrand aus gaben wir den Studenten wohlmeinende Ratschläge, wie z. B. „Warum verblembert ihr eier wertvoll Zeit un laaft uff de Gass erum? Geht besser in die Altstadt un petzt en gute Halwe, doo habt er wenigstens was devunn .“ Die winkten und lachten fröhlich zurück. So sinn se, die Määnzer un ihre Studende.

Der Mini erobert Mainz

UNSER MAINZ WAR bis weit in die 60er-Jahre noch die Provinzstadt, wie wir sie aus den Vorkriegsjahren in Erinnerung hatten. So fröhlich und locker die Bürger zu feiern verstanden, so prüde waren sie in gewissen Dingen. Nur sehr zögerlich oder gar nicht freundeten sie sich mit dem neuen „Way of Life“ an.

Aus den Zeitschriften „Petra“ und „Twen“ holten wir unsere Ideen für Mode und Partys. In diesen Magazinen entdeckten die jungen Mainzerinnen eines Tages die Minimode, ersonnen und kreiert von Mary Quant. Ab Mitte der 50er-Jahre schritten zunächst vereinzelt mutige junge Frauen in Miniröckchen und -kleidern durch die Stadt. Anfangs von den meisten Passanten als „obszönes Kleidungsstück“ verteufelt, die Trägerinnen wurden sogar als „Huren“ beschimpft. Wo war hier die vielgerühmte Toleranz und Weltoffenheit der Mainzer geblieben? Es war trotzdem nicht zu verhindern, dass sich das „Minirockvirus“ in Windeseile verbreitete und Männer wie Frauen verzückte.

Der Text des „Määnzer Narhallamarsches“:

„Ritzamban, Ritzamban, morje geht die Fassenacht an,
och was hawwe die Määnzer Meedcher schebbe Baa...“

wurde in der Realität jetzt ein für alle Mal Lügen gestraft. Mehr und mehr Minis tauchten in der Stadt auf. Während unsere älteren Mitbürger sich häufig öffentlich darüber alderierten und den jungen Frauen verächtliche Blicke zuwarfen, zollten wir jungen Männer den Damen den gleichen Respekt und die Symphatie, die wir ihnen auch in ihren Petticoats entgegenbrachten. Hier wie dort verfolgten wir Männer gespannt der Frauen „akrobatisches“ Bemühen, sich sittsam auf einer Sitzgelegenheit niederzulassen. Jedes Mal riskierten wir einen heimlichen Blick in der Erwartung, wenigstens einen kleinen „Schimmer“ dessen erhaschen zu können, was die männliche Fantasie alle Zeit beflügelt – leider meist erfolglos.

Jetzt wird's durchsichtig

Am 7.11.1970 überraschte uns während der gerngesehenen ZDF-Spielshow „Wünsch Dir Was“ mit Vivi Bach und Dietmar Schönherr die achtzehnjährige Leonie Stöhr mit ihrem Auftritt oben ohne im neuen Transparentlook. Nach einer kurzen Schreckstarre bewunderten wir den Mut des Mädchens und waren von dem Anblick hell begeistert. Das konnte freilich nicht ohne Folgen für unsere jungen Frauen bleiben. Auf die massiven Proteste von „Sittenwächtern“ hin wurde die Sendereihe eingestellt.
Auch das beliebte Magazin „Petra“ konfrontierte uns mit diesem aufrüttelnden Modestil. Auf einer Titelseite war eine junge Frau oben ohne in einer Transparentbluse abgebildet. Ich erinnere mich an Frauen, die noch mit dem eben gekauften Heft in der Hand in das „Modehaus Kleebach“ u.a. Geschäfte gingen, um eine solche Bluse zu erwerben. Die wenigsten Mainzerinnen wagten sich zunächst damit in die Öffentlichkeit. Aber nach und nach siegte die wachsende Emanzipation.
In den Illustrierten tauchten Nacktfotos auf. Wer von uns nicht gerade liberale Eltern

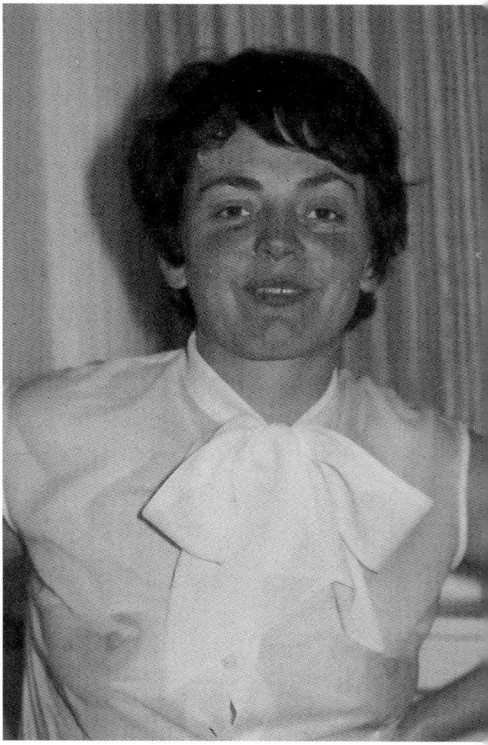

Wer sich die Mode des „Ein- und Durchblicks“ leisten konnte, zog neidische und anerkennende Blicke beider Geschlechter auf sich.

hatte, musste immer wieder das Gejammere über den bevorstehenden Verlust der guten Sitten über sich ergehen lassen. Die „Minis“ rutschen immer höher, glichen jetzt eher einem knappen Lendenschurz als einem Rock, waren sittlich nicht mehr zu vertreten. Man erfand die knallengen „Hot Pans, die „Heißen Höschen.“ Hochhackige Schuhe unterstützten die Beinlänge der Damen und wirkten provozierend. Minis und Hot Pans gingen einher mit dem Maxilook. Bis auf die Knöchel reichende Röcke und Kleider leiteten die Aufmerksamkeit auf das obere Körperdrittel der Damen. So war der Maxirock die optimale Ergänzung zur transparenten Bluse. Wie sehr wir durch die jeweilige Mode zu beeinflussen waren, zeigt das Beispiel von Doris Day, die in dem Film „Bettgeflüster“ ein zartes „Baby Doll“ trug. Kaum eine unserer jungen Frauen, die sich davon nicht hätte inspirieren lassen und der Versuchung nachgab, sich ebenfalls solcherart verführerisch zu verhüllen.

Echt määnzerisch

Wenn wir eine Weinschorle bestellen, sagen wir „bitte en Gespritzte.“ Unterschieden wird zwischen dem sauer und dem süß gespritzten Wein. Wenn die Bedienung fachkundig ist, fragt sie nach: „en Summer- odder en Windergespritzte“?
Der Unterschied besteht im Mischungsverhältnis. 2/3 Wein und 1/3 Wasser ist ein Wintergespritzter; beim Sommergespritzten ist es genau umgekehrt.
Zitat von Goethe, als sich Gäste am Nachbartisch darüber lustig machten, weil er seinen Wein mit Wasser mischte (spritzte):

„Das Wasser allein macht stumm,
das beweisen im Wasser die Fische,
Der Wein allein macht dumm,
das beweisen die Herren am Tische.
Daher, um keines von beiden zu sein,
gieß’ in den Wein ich Wasser hinein.“

Die Määnzer bekommen endlich wieder ihre „Gut Stubb“

DAS KURFÜRSTLICHE SCHLOSS, aus rotem Sandstein erbaut, war seit seiner Wiederherstellung 1950 unser repräsentativstes Gebäude für Veranstaltungen jeder Art. Die Gäste fühlten sich hier bei Bällen, Tanzturnieren, Konzerten und Versammlungen gleichermaßen wohl. Für viele Jahre war das Schloss unsere „Narhalla“, in der die Fastnachtssitzungen abgehalten wurden.
Mainz und sein Schloss wurden durch die Eurovisions-Fernsehübertragungen über die Grenzen Deutschlands hinaus bekannt. Frenetischer Beifall brauste jedes Mal auf, wenn der Sitzungspräsident „...einen besonders herzlichen Gruß an unsere Brüder und Schwestern in der Zone, der sogenannten DDR“ sandte. Die Dekoration des großen Saales und die Stimmung der Leute bot damals fast Wohnzimmeratmosphäre. Hier wurden die Grundsteine für mögliche Ehen ebenso gelegt wie Ehescheidungen begründet. Kaum eine Gelegenheit ließen wir aus, um im Schloss zu tanzen, zu flirten und zu feiern. Mancher Treueschwur „ewiger Liebe“ währte ganze drei Tage, dann war das alles vorbei; und wieder „ging ein schönes Märchen zu Ende.“
So gemütlich und schön unser großer Saal im Schloss auch war, der lauter werdende Ruf der Määnzer nach einer neuen „Gut Stubb“ wurde eines Tages von den Stadtvätern erhört. In der Zeit der ersten wirtschaftlichen Rezession in der Bundesrepublik führte „unser Jockel“, am 5. Juli 1965, ohne großes Brimborium, den ersten Spatenstich aus und legte am 27. Februar 1966, dem 21. Jahrestag der Vernichtung unserer Stadt, unter großer Anteilnahme von viel Prominenz und Määnzer Bürgern den Grundstein zur „Rheingoldhalle.“ Außerdem war in ihrer unmittelbaren Nachbarschaft ein Hotel geplant, das auch die Bewirtschaftung der Halle übernehmen sollte. Mit Hilton ist dies hervorragend ge-

lungen. Am 9.11.68 wurde die Rheingoldhalle, unsere „Gut Stubb", mit 2000 Gästen und dem Ball des Sports feierlich eröffnet. Auch wir waren unter den über 50 000 Määnzern von links und rechts des Rheins, um die „Gut Stubb" in Besitz zu nehmen. Wir waren am 11.11. Gäste der närrischen MCV Generalversammlung und hatten gemeinsam viel Spaß und Freude in der neuen Halle. Die Raumakustik war nicht die allerbeste, sodass die elektroakustische Beschallung immer wieder Anlass zu ärgerlichen Reklamationen gab. In jahrelanger Sisyphusarbeit konnte schließlich auch dieses Problem gelöst werden. Am 6.5.1969 öffnete auch das Mainz Hilton mit 425 Betten seine Pforten. Nunmehr hatte Mainz, je nach Gusto, ein Hotel mit Kongresszentrum, oder ein Kongresszentrum mit Hotel, beides erlangte bald europaweit Geltung.

Mainz brauchte außerdem dringend ein Rathaus, über dessen Standort im Stadtrat heftig diskutiert wurde, bis die Mehrheit schließlich den Halleplatz zum Domizil wählte. Die Pläne des dänischen Architektenteams Arne Jacobsen und Otto Weitling, Gewinner des 1968 von der Stadt ausgeschriebenen Wettbewerbs, erhielten den Auftrag und schufen ein weithin vielbeachtetes Bauwerk. Am 12. Oktober 1970 führte OB Jockel Fuchs den ersten Spatenstich aus, und am 1. Februar 1971 legte er den Grundstein für seinen „Fuchsbau", der am 31. Dezember 1973 in einem der „schönsten Ratssäle der Bundesrepublik" unter Teilnahme vieler prominenter Festredner seiner Bestimmung übergeben wurde. Wieder waren es etwa 50 000 neigierische Määnzer, die eine Woche lang bei Erbsesupp, Weck, Worscht un Woi dem „Fuchsbau" ihre Reverenz erwiesen.

Geschichte, wohin man sieht und geht

SICH ZU VERLAUFEN fällt schwer in unserer Stadt, wenn man nur die Farben der Straßenschilder beachtet: Die blauen führen parallel zum Rhein, während die roten zum Fluss hinführen. Glücklicherweise kann sich unsere Stadt noch reichlich mit alten und restaurierten steinernen Zeugen aus ihrer großen Geschichte schmücken.

Der „Drususstein“ erinnert an den römischen General Drusus d. Ä., die „Jupitersäule“ steht da zu Ehren Kaiser Neros, die „Römersteine“ sind die Pfeilerreste des Aquädukts der römischen Wasserleitung, das Halbrund des „Theatrum Mogontiacensium“ am Südbahnhof, das 10 000 Besuchern Platz bot – des größten Bühnentheaters nördlich der Alpen –, der „Dativius Victor Bogen“, der einen wunderschönen Rahmen für die Christuskirche abgibt. Das Proviantamt aus der Zeit,

Die letzten Trümmergrundstücke verschwanden.

als Mainz Bundesfestung war, die schmucken Adelshöfe am „Schillerplatz“ und in der Klarastraße. Wenn diese Kulturdenkmähler erzählen könnten.
Vom Jakobsberg herunter grüßt der imposante Bau der „Zitadelle“ unsere Stadt – Teil der ehemaligen Festung Mainz. In der Festungsanlage begegnen wir vielen architektonischen und handwerklichen Kostbarkeiten. Besonders an den Portalen finden wir in den kunstvollen Steinmetzarbeiten reizvolle Fotomotive. In den 40er-Jahren waren das Gelände und die unterirdischen Gänge die schönsten Abenteuerspielplätze, die wir Buben uns wünschen konnten. Oft bestanden wir hier in „Tapferkeitsspielen“ unsere Bewährungsproben.
Unser Dom, erbaut von Erzbischof Williges, mehrfach zerstört, sechsmal abgebrannt – beim siebten Brand 1942 hat's „nur“ den Dachstuhl erwischt – immer erhob er sich wieder neu. Heute wie damals schart er heimelige Gassen und romantische Häuser um sich. Wunderbarerweise verschonte die Feuersbrunst des 27. Februar 1945 weitgehend den historischen Altstadtkern. Wir bekommen dadurch einen anschaulichen Einblick in die mittelalterliche Bauweise unserer Vorfahren. Rundgänge durch die „Aurea Mogontiacum“ – das Goldene Mainz – lohnen sich.
Wir wagen einen Blick in die „Kristallkugel“ und sehen das Militärlager „Kästrich – Castrum Mogontiacum“, das 1985 ausgegraben werden wird, und – geraten über eine weitere Sensation in's Staunen! 1981 werden bei Ausschachtungsarbeiten für einen Erweiterungsbau des Hilton Hotels in der Rheinstraße die Reste eines Römerschiffs zutage treten. Letztlich werden die relativ gut erhaltenen Gerippe von insgesamt neun „Schnellen Ruderern“ geborgen. In der ehemaligen Lampenfabrik in der Rheinstraße wird ein Römerschiffmuseum eingerichtet, wo die Boote ihre dauerhafte Bleibe finden und die Geschichte „drumherum“ von Frau Dr. Pferdehirt und einem Stab von Wissenschaftlern erforscht werden wird.

Dativius-Victor-Bogen mit Christuskirche

Die Altstadt wird saniert

MIT DER KOMPLETTEN, sehr aufwendigen Altstadt-Restaurierung wird in den 70er-Jahren begonnen. Reizende Fachwerke wurden dabei wieder sichtbar. Wir erkennen noch einige Reste der mittelalterlichen Stadtmauer, etwa in der Fischergasse, der Hinteren Bleiche, Scharngasse/Rheinstraße, Holzturm, Schlossergasse. Von den ursprünglich zehn Tortürmen zum Rhein sind der Eisen- und der Holzturm erhalten. Ihre Namen bezogen sie von den Plätzen, an denen mit Eisen gehandelt bzw. Holz gestapelt wurde. Die oberen Geschosse der beiden Türme wurden als Gefängnisse genutzt, in denen so prominente Gefangene wie Offiziere des Lützowschen Freikorps (im 17. Jahrhundert im Eisenturm) und Johannes Bückler, genannt „Schinderhannes" (1803 im Holzturm) festgesetzt waren. Letzterer wurde 1803 in Mainz in der Gegend des heutigen Rosengartens guillotiniert.

Die ehemalige Metzgerei Caprano, Ecke Neubrunnenstraße/ Hintere Bleiche

In seinem Stück „Schinderhannes“ lässt Carl Zuckmayer die Moritat erklingen:

„Im Schneppenbacher Forste,
Da geht der Teufel rumdibum,
De Hals voll schwarzer Borste,
Und bringt die arme Kaufleut' um!
Das ist der Schinderhannes,
Der Lumpenhund, der Galgenstrick,
Der Schrecken jedes Mannes,
Und auch der Weiberstück!“

Waschtag in der Altstadt

Wie kam das Hollagässchen zu seinem Namen?

EIN HOLLAGÄSSCHEN gibt es außer in Mainz auch in unserer Nachbarschaft. Allen Hollagässchen ist gemeinsam, dass sie Sackgassen sind. Wenn nun ein Fuhrmann oder Fußgänger unversehens in die Sackgasse geraten war, soll er „holla“ ausgerufen haben. So entstand der Name „Hollagässchen“ – selbst, wenn es nicht so gewesen sein sollte, so ist es doch eine hübsche Erklärung!

Echt määnzerisch

Entgegen seiner Gewohnheit ist ein Handwerksmeister spät abends noch nicht von seinem Dämmerschoppen heimgekehrt. Besorgt schickt die Frau Meisterin den Lehrling aus nach ihm zu suchen. Nach seiner Rückkehr berichtete der aufgeregt: „Vorm Beichtstuhl lieht er uff de Gass; de Määster is hiegefalle.“ „Oh Godd-o Godd-o Godd, hot er was gebroche?“ „Ja Frau Määstern, zwää Handkäs und e paar Schoppe.“

Während der Fastnacht, frühmorgens Alkoholkontrolle. Polizist: „Na, wie stets dann bei Ihne mit'm Restalgehol?“ „Restalgehol? Gibt's bei uns nit. Mir trinke ach die Reste.“

Dieter Williges

2000 Jahre Mainz

AUSSER UNSERER FASTNACHT, den höchsten Määnzer Feierdäsch, bietet uns Mainz vielerlei Gelegenheiten zum Feiern: Weinmarkt, Johannisfest, Kerb (Kirchweih) in den verschiedenen Stadtteilen, die Määnzer Mess, Straßenfeste und andere Möglichkeiten zum Fröhlichsein in der Menge, in der es sich bekanntlich am schönsten feiern lässt. Immer wieder hält unsere zweitausendjährige Stadt Anlässe zu besonderen, festlichen Ereignissen bereit.

„Nix genaues wääs mer nit iwwer des Geburtsjahr vunn Määnz." Deshalb hat eines Tages unser Oberbürgermeister Franz Stein, sicher nicht ganz unbegründet, kurzerhand das Jahr 38 v. Chr. zum „Jahr X" erklärt.

So hatten wir wieder einen guten Grund zu jubilieren. Im Jahr 1962 begingen wir den zweitausendsten Geburtstag unserer Vaterstadt Mainz. Mir Määnzer sinn im Feiern Profis. War während der Feiertage schunn en Mordsbetrieb in de Stadt, zum historischen Schiffskorso auf dem Rhein und zum Brillantfeuerwerk war ganz Määnz uff de Fieß. Die Stadt Mainz stiftete einen wunderschönen Fastnachtsorden, auf den die so Geehrten besonders stolz sind. Zur Zweitausendjahrfeier machten wir Bürger uns selbst die kostbarsten

Schiffskorso anlässlich der 2000-Jahr-Feier

Geschenke. An allen Ecken und Enden wurde auf Teufel komm raus gebaut, die letzten Trümmergrundstücke verschwanden nahezu. Das „Regierungsviertel“ war im Aufbau, „Am Rodelberg“ und auf dem „Lerchenberg“ entstanden neue Siedlungen. Den Schlossplatz und den Platz vor der Christuskirche, von deren Turm dreimal täglich ihr schönes Glockenspiel erklingt, zierten jetzt zwei Jubiläumsbrunnen. Überhaupt erhält in der Folgezeit das an Zierbrunnen nicht gerade reich gesegnete Mainz noch viele schöne Wasserspiele. Während der Festtage wurden das „Naturhistorische Museum“, das „Mittelrheinische Landesmuseum“ mit Gemäldegalerie und das Weltmuseum der Druckkunst, das „Gutenberg-Museum“, eröffnet. Die Türme von St. Peter und St. Stephan erhielten wieder ihre Kuppeln nach historischen Vorbildern, Eisen- und Holzturm bekamen ihre geschichtlichen Helme aufgesetzt.

Die Määnzer Mess – Gaudi für Jung und Alt

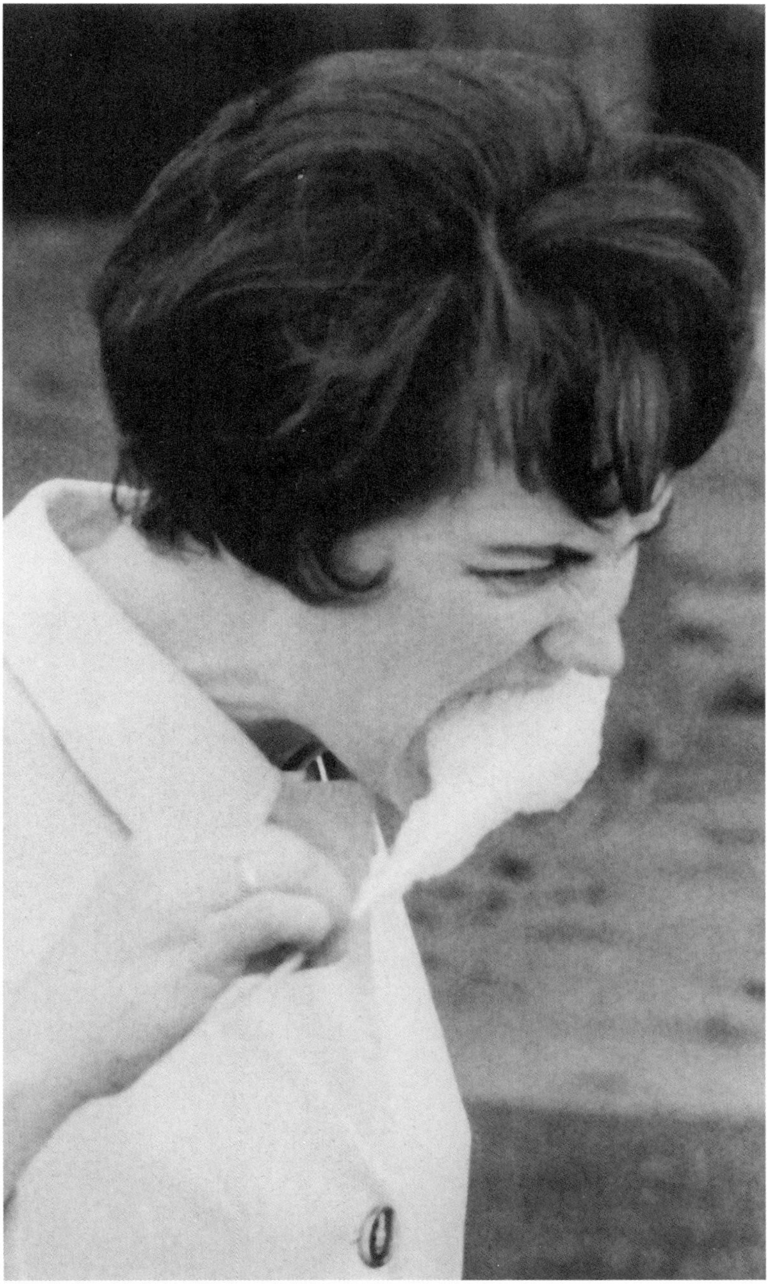

Naschkatze – Genussvoller Biss in die Zuckerwatte

Hoch die Gläser trallalala, unser Dom wird 1000 Jahr!

ERZBISCHOF WILLIGES ERTEILTE IM JAHR 975 den Bauauftrag zu einer neuen Domkirche. Mit dem Jahr 1975 war nun endlich das Jahr gekommen, um unseren eintausendjährigen Hohen Dom gebührend zu feiern. Die städtebaulichen Geburtstagsgeschenke rund um die Kathedrale waren dem Anlass würdig: Die Domplätze wurden zur großen Fußgängerzone umgestaltet. Den Marktbrunnen, heute der schönste Renaissancebrunnen Deutschlands, stiftete 1526 der Mainzer Erzbischof und Kardinal Albrecht von Brandenburg seinen Mainzer Bürgern. Während des Zweiten Weltkrieges wurde der Brunnen eingemauert; das bewahrte ihn vor Kriegsschäden. Den Mittelpunkt des schön gestalteten großen Marktplatzes ziert eine Miltenberger Heunensäule aus demselben roten Sandstein, der auch für den Bau des Doms verwendet wurde.

Der neue Brunnen, 1726 errichtet von Kurfürst Lothar Franz von Schönborn

Am 23. Mai 1975 durften die Mainzer Bürger ihre Domplätze offiziell in Besitz nehmen. Als unser Jockel Fuchs den neuen Brunnen „Am Höfchen“ zum Sprudeln brachte, brachen wir in Beifall und Jubel aus.
Zum zweiten Mal blicken wir in unsere Kristallkugel. Was wir erkennen lässt uns staunen: Noch zweimal werden die Mainzer Bürger den eintausendsten Geburtstag ihres geliebten Mainzer Wahrzeichens feiern.
1009 war das Werk vollendet, als es im August desselben Jahres niederbrannte. Ob vor oder nach der Weihe ist unbekannt. Folglich wird man im Jahr des Herrn 2009 ein weiteres Mal ausrufen dürfen: „Hoch die Gläser, unser Dom wird 1000!“ Im Jahr 2036 werden dann die Mainzer zum dritten Mal auf ihren stolzen Jubilar anstoßen dürfen; denn es ist nachgewiesen, dass der Dom 1036 geweiht wurde.

Määnzer Sprüch

Wann’s nit geht, geht’s aach. – Wenn etwas nicht läuft wie geplant, geht es halt anders.
Des hält vunn elf bis ’s leit. – Das ist labil, wackelig.
Der hert nix vorm siebte Newwel. – Der ist ziemlich schwerhörig.
Herr, ich bin bereit, nur nit heit. – Nachtgebet einer Oma.
Guck net wie so e gestoche Kalb. – Schau nicht so dumm.
Ei ich bin jo gonz neewer de Kapp. – Ich bin sehr nervös.
Du kannst mer emol die Huwwel ausblose. – Du kannst mir mal den Buckel runterrutschen.
Der hot en Dubbe. – Der ist nicht ganz klar im Kopf.
Der hot vielleicht ääner hänge! – Der ist vielleicht betrunken!
Der sieht aus wie dem Dood soin Derrfleischreisende. – Der ist aber sehr dünn.
Der hot en Knubbe. – leicht betrunken.

Die Geschichte vom Pferd, das dem Suff verfallen war

MAN ERZÄHLT SICH IMMER GERNE die reizende Geschichte von dem versoffenen Brauerei-Pferd. Ein gewisser Bierkutscher, der die Gaststätten in der Stadt mit Gerstensaft zu beliefern hatte, nannte einen ganz besonderen Gaul sein eigen. Es geht de Mensche wie de Leit; aach en Biergaul hot emol Dorscht. Es muss jedes Mal ein Mordsspaß gewesen sein zu beobachten, wie das Tier den ihm angebotenen Eimer mit Wasser umstieß und wiehernd auf seiner Maß Bier bestand. Wenn seine „Bestellung" nicht umgehend ausgeführt wurde, soll es sogar – trotz des angeschirrten Wagens – mit seinem samtenen Maul so lange an die Scheibe der Wirtschaft gepocht haben, bis ihm sein Herr und Meister einen Eimer frisch gezapften Bieres brachte, das das Pferd genüsslich soff.

Vorsicht Porzellan!

DAS GESELLSCHAFTLICHE LEBEN bringt es halt so mit sich, dass sich hin und wieder menschliche Paare zusammenfinden, bei denen der Einzelne bereits anderweitig in festen Händen ist. Aus moralischer Sicht betrachtet, dürften sie nicht zusammen sein. Da aber auch diese Leute dereinst mobil sein wollten, das eigene Auto jedoch eher selten anzutreffen war, bediente man sich der Pferdedroschke, später des Autotaxis, um gemeinsam eine Veranstaltung zu besuchen, oder einfach nur, um sich an einem verschwiegenen Ort zu einem gemeinsamen Tête-à-tête zusammenzufinden. Weil solche „Fuhren“ stets auf die äußerste Verschwiegenheit des Chauffeurs angewiesen waren, nannte man in Mainz solche Fahrten „Porzellanfuhren“, angelehnt an den vorsichtigen Umgang, den man dem empfindlichen Porzellan angedeihen lässt. Ein guter Ruf ist ebenso zerbrechlich wie feines Porzellan, weshalb der Kutscher oder Chauffeur für seine Fahrdienste auch immer fürstlich entlohnt wurde.

Echt määnzerisch

Auf der Heimfahrt wird ein Autofahrer angehalten. „Polizeikontrolle, Führerschein und Kfz-Schein bitte...haben Sie etwas getrunken“? „Vier Halwe.“ „Und da wagen Sie sich noch an's Steuer? Wo waren Sie denn eingekehrt“? In de Straußwertschaft vom Hannes.“ „Ach so, dess is was anneres, der schenkt jo nie voll oi. Gute Fahrt.“

Karin Bergmann

Mir strunze nit, mir hawwe

MANCHERORTS NEIGT MAN ZU ÜBERTREIBUNGEN. Sei es bei Tourismusangeboten oder mit privaten Besitztümern. Ganz anders verhalten sich in diesem Punkt die Määnzer.
Sie sprechen von „ihrm Heisje", auch wenn es sich um ein mehrstöckiges Wohnhaus oder eine hochherrschaftliche Villa handelt, ein respektables Gartenhaus ist demzufolge „e Gaadeheisje", selbst eine Luxuskarosse ist „das Autosche." Der größte Blumenstrauß ist „e Streißje vunn Blümmelcher" oder „e Blummestreißje", das ehrwürdige Kurfürstliche Schloss einfach nur „des Schloss." Eine Flasche ist unabhängig von ihrem Fassungsvermögen immer „e Fläschje", ein Spankorb voller Äpfel oder Erdbeeren ist „e Körbsche Äppelcher oder Erdbeernscher", ein Garten „e Gärtsche" und auch ein teures Fahrrad nennen sie „e Fahrrädsche."
Diese wenigen Beispiele mögen Zeugnis für die Bescheidenheit der Määnzer ablegen.

Die Theodor-Heuss-Brücke über den Rhein

Echt määnzerisch

Alkoholkontrolle in der Rheinallee: Beflissener Polizist: „Da, bloße se emol." Daraufhin der Autofahrer: „Nää!" Der Polizist bittet ihn noch zweimal: „Bloße se emol!" Wieder die gleichen Antworten: „nää! nää!!" Der aufgebrachte Ordnungshüter: „Wann Sie jetz nit sofort bloße, bloß ich selwer; donn wert's deier. Blies; stutzte – und erstattete Anzeige gegen sich selbst.

Weitere Bücher aus dem Wartberg Verlag für Ihre Region

Aufgewachsen in Mainz
in den 40er und 50er Jahren
Gerd Morlock
64 S., geb., zahlr.
Farb- und S/W-Fotos
978-3-8313-1870-4

Aufgewachsen in Mainz
in den 60er und 70er Jahren
Gerlinde Weis
64 S., geb., zahlr.
Farb- und S/W-Fotos
978-3-8313-1884-1

Hurra, wir leben noch –
Mainz nach 1945
Heinz Leiwig
64 S., geb., Großformat,
zahlr. S/W-Fotos
978-3-8313-1418-8

Wartberg Verlag GmbH & Co. KG
Bücher für Deutschlands Städte und Regionen
Im Wiesental 1 · 34281 Gudensberg-Gleichen · Telefon (0 56 03) 9 30 50
Fax (0 56 03) 93 05-28 · www.wartberg-verlag.de